U0124466

面向"一带一路"的
中国港口转型升级研究

RESEARCH ON TRANSFORMATION
AND UPGRADING OF
CHINESE PORTS ORIENTED TO
ONE BELT AND ONE ROAD

王斌义◎著

中国经济出版社
CHINA ECONOMIC PUBLISHING HOUSE
北 京

图书在版编目（CIP）数据

面向"一带一路"的中国港口转型升级研究／王斌义著.
—北京：中国经济出版社，2019.11
ISBN 978-7-5136-5954-3

Ⅰ.①面…　Ⅱ.①王…　Ⅲ.①港口经济-经济发展-
研究-中国　Ⅳ.①F552.3

中国版本图书馆 CIP 数据核字（2019）第 217791 号

责任编辑　姜　静　孙晓霞
责任印制　马小宾
封面设计　久品轩

出版发行　中国经济出版社
印 刷 者　北京富泰印刷有限责任公司
经 销 者　各地新华书店
开　　本　710mm×1000mm　1/16
印　　张　12
字　　数　200 千字
版　　次　2019 年 11 月第 1 版
印　　次　2019 年 11 月第 1 次
定　　价　59.00 元
广告经营许可证　京西工商广字第 8179 号

中国经济出版社　网址 www.economyph.com　社址 北京市东城区安定门外大街 58 号　邮编 100011
本版图书如存在印装质量问题，请与本社销售中心联系调换（联系电话：010-57512564）

港口行业属于国民经济基础产业，是一个国家对外开放最前沿的窗口，是沟通经贸往来的重要枢纽。自 1978 年改革开放以来，受益于中国国民经济的高速增长，中国港口的建设数量、规模、吞吐能力以惊人的速度增长，全球港口货物吞吐量和集装箱吞吐量排名前十的港口中，中国港口占有七席，港口吞吐量和集装箱吞吐量连续 16 年位居世界第一。经过几十年的发展，中国港口已建设成布局合理、层次分明、功能齐全、河海兼顾、优势互补、配套设施完善、现代化港口体系，形成了环渤海、长江三角洲、东南沿海、珠江三角洲和西南沿海五个港口群，构建了煤炭、石油、铁矿石和集装箱等货类专业化运输系统，沿海主要港口专业化码头装卸作业效率世界领先，中国成为港口大国、航运大国和集装箱运输大国。中国港口代表了大国枢纽的风采，展示了国家崛起的战略支点。

2013 年 9 月和 10 月，习近平主席在出访哈萨克斯坦和印度尼西亚时先后提出共建"丝绸之路经济带"和"21 世纪海上丝绸之路"的重大倡议。"一带一路"是连通海陆之道，是贯通中外之路。作为"一带一路"的重要节点，中国港口在"一带一路"建设中具有举足轻重的作用，"一带一路"倡议是港口发展共赢的机遇及重大挑战。

2014 年 6 月 3 日，中华人民共和国交通运输部公布了《交通运输部关于推进港口转型升级的指导意见》并指出：中国港口在服务功能、服务质量、节能环保等方面还存在差距和不足，需要加快转型升级。《交通运输部关于推进港口转型升级的指导意见》围绕拓展港口服务功能、完善港口运输系统、节约资源保护环境、加强港口安全管理、大力推进港口信息化 5 个方面提出了 22 项具体任务。从发展现状来看，中国港口货物吞吐量和集装箱吞吐量均位列全球第一，但港口高速增长的时代总体上结束了，港口靠吞吐量的增长完成行业转型面临重大挑战；港口大而不强，以装卸搬运为主，存在可持续性弱、粗放式发展等问题，未来港口的发展将由粗放式发展向集约式发展转型，由高耗资源扩张型向低碳环保发展，由功能单一型向综合物流供应链发展，港口面临转型升级的迫切需要。中国港口应该抓住"一带一路"带来的新机遇，不断向智慧化、绿色化、国际化跃迁，继续推动高质量发展，在航运强国思想引领下勇创世界一流港口，主导国际分工，占据全球产业价值链顶端。

本书从国际航运趋势、国际贸易走向、"一带一路"倡议三个方面分析了中国港口转型升级的原因，探讨了"一带一路"背景下中国港口转型升级的应然性；研究了中国港口发展现状和转型升级的难点；指明了面向"一带一路"的中国港口转型升级的方向。从技术创新、制度创新、组织创新、产业升级等方面促进港口智慧化、绿色化、集群化、枢纽化及国际化，加速港口高质量发展，提出了面向"一带一路"的中国港口转型升级举措。

王斌义
2019 年 11 月

目　录

3 港口代际划分与中国港口转型升级的方向

4 面向"一带一路"的中国港口智慧化

9　面向"一带一路"的中国港口国际化

1 港口发展历史的考察及中国港口转型升级的动因

1.1 港口发展历史的考察

1.1.1 世界海上运输及港口发展史

公元 1 世纪前后，罗马帝国征服地中海沿岸之后，势力抵达红海与波斯湾，便以亚历山大港为基地，积极开拓对东方的海上贸易。而在中国，汉朝在公元前 2 世纪就已经开辟了对印度的海上交通航线，到公元 1 世纪，汉朝商人更是频频抵达南印度。几乎与此同时，南亚的文明古国印度也加强在东南亚的商业扩张。从公元 1 世纪开始，印度商人向东方航行，来到东南亚和中国。中国、罗马和印度三大势力在印度洋的汇合，使东西方海上交通和贸易空前繁忙起来。

文艺复兴时期，随着造船业的发展、罗盘仪的改造和应用、航海技术的进步以及海上贸易的发展，海上运输发展迅猛，地中海沿海城市成为新的贸易中心，港口也建造起来。1368—1484 年，威尼斯港成为世界第一大港口、近代海运的发祥地。

1492 年意大利人哥伦布发现了美洲新大陆。1519 年，葡萄牙航海家麦哲伦率领 5 艘船、265 名船员，实现了人类历史上首次环球航行。经过一系列的航海探险活动，开辟了通往印度和美洲等世界各地的航路，新航路开辟后，国际贸易范围从地中海、北海、波罗的海扩展到大西洋、美洲、印度、中国和南亚群岛。葡萄牙、西班牙开始殖民扩张，1484—1588 年巴塞罗那港成为世界第一大港、造船中心、工商业中心。

19 世纪，海上运输有了很大发展。1807 年世界上诞生了第一艘蒸汽船，给古老的海运业注入了新的活力。资本主义国家的早期工业大多沿通航水道设立工厂，使得当时水运的发展对工业布局产生了很大的影响。1869 年和1914 年苏伊士运河和巴拿马运河相继完工。英国利用地处大西洋航路的有利条件，积极发展对外贸易，英国政府采用"重商主义"的政策，参与贸易竞争，占领殖民地，击溃西班牙的无敌舰队，成立东印度公司，商业贸易飞速发展，英国成为新的海上霸主，17—18 世纪伦敦港成为世界最大港口；1894 年，美国经济超过英国、德国，工业产值世界第一，纽约港成为世界最大港。

20 世纪，人类加速了科技前进的步伐，其中对海上运输起到重要作用的有：从无线通信到人造卫星通信，发展到全球海难安全系统；船舶设计制造也在大型化、高速化方面有很大进步，几十万吨的油船、散货船，每小时几十海里航速的快速客船，正在世界各地航行。第二次世界大战以后，世界经济逐步向一体化过渡，国际间的货物交流不断增加，由于国际贸易地理条件的限制，加上海运运量大、成本低，国际贸易量的 2/3 是通过海上运输完成的。

20 世纪 60 年代，欧洲的长足发展使鹿特丹港成为世界最大港，年货物吞吐量达 3 亿吨。1970 年，美国奥克兰港以 34 万 TEU 的集装箱吞吐量位列世界第一；1980 年纽约新泽西港以 195 万 TEU 位列世界第一；1990 年新加坡港以 552 万 TEU 位列世界第一；2000 年中国香港港以 1810 万 TEU 位列世界第一；跻身 2010 年中国上海港以 2907 万 TEU 位列世界第一，宁波—舟山、广州港、天津港也已跻身世界前十大港口行列。不难发现，港口吞吐量的变化与历次大规模的国际产业转移密切相关。

世界第一大港口变化如表 1－1 所示。

表 1－1　世界第一大港口变化

港　口	时　间
亚历山大港	公元前 2 世纪至公元 10 世纪
威尼斯港	1368—1484 年
巴塞罗那港	1484—1588 年
伦敦港	1588—1894
纽约港	1894—1962 年

续表

港 口	时 间
鹿特丹港	1963—1969 年
美国奥克兰港	1970—1979 年
纽约新泽西港	1980—1989 年
新加坡港	1990—1999 年
中国香港港	2000—2009 年
中国上海港	2010 年以来

1986 年全球 20 强的港口主要分布在三个地方：北美 4 个、西欧 4 个和东亚 8 个。在东亚地区，大港主要分布在日本和"亚洲四小龙"。中国大陆仅上海进全球 20 强的榜单，且位于第 18 名。30 多年过去了，2018 年北美仅 1 个港口、西欧只有 3 个港口进入 20 强，中国大陆 8 个港口跃进了全球 20 强。

1.1.2　新中国成立以来港口发展历史

新中国成立后，中国水运事业和港口开始获得新生，先后经历了五个不同的发展时期。

1.1.2.1　20 世纪 50—60 年代

新中国成立时，中国海上运输特别是远洋运输处于空白，没有一条远洋运输船只。新中国成立初期，中国沿海港口共有 75 个泊位，全国（除我国台湾）仅有万吨级泊位 60 个，码头总长度 1.19 万米，除个别装卸成品油外，大多数码头装卸件杂货。港口淤浅、码头失修，几乎处于瘫痪状态。当时，中国还没有水运工程建设方面的标准规范，年总吞吐量只有 500 多万吨，多数港口处于原始状态，设施差，主要依靠人抬肩扛进行装卸作业。

20 世纪 50 年代，中国的第一个五年计划明确提出："水运是一种最经济的运输，必须积极地提高其在整个运输中的比重。"借鉴苏联的码头工程技术规范，中国第一次编制了水运工程技术标准，形成了基本框架。新中国筑港事业开始的标志是 1952 年天津新港的修复和开港；1956 年中国自行设计施工的第一座大型港口湛江港。20 世纪 50 年代，中国共建成投产泊位 107 个、码头 7689 米，建设了非专业化的矿石、煤炭散货码头和第一个多用途码头。

20 世纪 60 年代，中国沿海港口新建了多用途、原油、化工品和客运码头，内河通航试行标准、海港总体设计规范等 5 项标准陆续发布。1961 年 4 月 28 日，新中国第一艘悬挂五星红旗的远洋船"光华轮"，吹响了向远洋事业进军的第一声汽笛，开始了它的处女航。新中国第一艘远洋船被命名为"光华轮"，寓意为"光大中华"。"光华轮"首航的前一天，中国远洋运输公司成立。到 1961 年底，公司拥有 4 艘远洋船，一年可运输货物 11 万吨。

1.1.2.2　20 世纪 70 年代

随着中国对外关系的发展，对外贸易迅速扩大，外贸海运量猛增，沿海港口货物通过能力不足，船舶压港、压货、压车情况日趋严重，周恩来总理于 1973 年初发出了"三年改变中国港口面貌"的号召，开始了第一次建港高潮。70 年代，一批机械化、半机械化大型专业码头相继建成，首次自行设计建设了中国大连 5 万/10 万吨级原油出口专用码头，建造湛江港 5 万吨级油码头以及其他沿海和沿长江港口的油码头。码头结构形式除高桩梁板承台、管柱式等形式外，还出现了沉箱钢梁、扶壁式等形式。在大量的工程实践中，港口建设单位对工程技术创新、科技进步的经验加以总结和分析，实施了河港总体及高桩码头的设计规范。从 1973 年至 1982 年，全国共建成深水泊位 51 个，新增吞吐能力 1.2 亿吨。1978 年 9 月，中国第一艘国际班轮"平乡城"轮装载着 162 个集装箱，从上海港出发前往澳大利亚，开启了中国货轮的远洋航程，开辟了中国第一条国际集装箱班轮航线。这一时期锻炼和造就了中国港口建设队伍，为以后港口发展奠定了较好的基础。

1.1.2.3　20 世纪 80 年代

中国经济发展进入一个新的历史时期，中国政府在"六五"（1981—1985年）计划中将港口列为国民经济建设的战略重点。港口进入第二次建设高潮。港口建设步入了高速发展阶段。"六五"期间共建成 54 个深水泊位，新增吞吐能力 1 亿吨。经过五年建设，中国拥有万吨级泊位的港口由 1980 年的 11 个增加到 1985 年的 15 个，1985 年完成吞吐量 3.17 亿吨。

"七五"期间是沿海港口建设 40 年发展最快的五年，共建成泊位 186 个，新增吞吐能力 1.5 亿吨。其中深水泊位 96 个，比新中国成立后 30 年建成的总和还多，共建成煤炭泊位 18 个，集装箱码头 3 个以及矿石、化肥等具有当今世界水平的大型装卸泊位。拥有深水泊位的港口已发展到 20 多个。年吞吐量超过 1000 万吨的港口有 9 个。从 1979 年到 1990 年的 11 年间，是中国集装箱运输市场逐步形成并初具规模的时期。在这期间，诞生了中国第一个集装箱专业码头公司上海港国际集装箱运输公司，第一个集装箱专业码头天津港三港池 21 段集装箱泊位。

1.1.2.4　20 世纪 90 年代

随着改革开放政策的推行与实施以及国际航运市场的发展变化，中国开始注重泊位深水化、专业化建设。特别是中国七届人大四次会议后，通过了中国十年发展纲要和"八五"计划纲要，明确了交通运输是基础产业。为适应社会主义市场经济发展的进一步深化，出现了第三次建港高潮。建设重点是处于中国海上主通道的枢纽港及煤炭、集装箱、客货滚装船等三大运输系统的码头。在加快港口建设的同时，开始注重现代深水化、大型化、专业化码头的建设。一批大型原油、铁矿石、煤炭、集装箱等专业化码头和深水航道工程相继建成，港口专业化泊位比重超过 50%。在国际集装箱快速发展的同时，内贸集装箱运输从无到有，也逐步进入了快速发展阶段。1997 年 4 月 5 日上午，从广州开往上海的集装箱班轮起航，开启了纵贯中国沿海南北航线的集装箱班轮运输。

至 1997 年底全国沿海港口共拥有中级以上泊位 1446 个，其中深水泊位 553 个，吞吐能力 9.58 亿吨，是改革开放之初的 4 倍。货物吞吐量由 1980 年的 3.17 亿吨增长到 1997 年的 9.68 亿吨。基本形成了以大连、秦皇岛、天津、青岛、上海、深圳等 20 个主枢纽港为骨干，以地区性重要港口为补充，中小港的适当发展的分层次布局框架。与此同时，与港航相配套的各种设施、集疏运系统、修造船工业、航务工程、通信导航、船舶检验、救助打捞系统基本齐备，还建设了具有相当规模和水平的水运科研设计机构、水运院校和出版部门，初步形成了一个比较完整的水运营运、管理、建设和科研体系。

1. 1. 2. 5　21 世纪以来

贸易自由化和国际运输一体化的发展，现代信息技术及网络技术也伴随着经济的全球化高速发展，现代物流业已在全球范围内迅速成长为一个充满生机活力并具有无限潜力和发展空间的新兴产业。现代化的港口将不再是一个简单的货物交换场所，而是国际物流链上的一个重要环节。特别是进入 21 世纪以后，经济全球化进程加快，科技革命迅猛发展、产业结构不断优化升级、综合国力竞争日益加剧。为适应国际形势变化和国民经济快速发展的需要，在激烈的竞争中立于不败之地，全国各大港口都在积极开展港口发展战略研究，开发建设港口信息系统，全面提升港口等级，并投入大量资金进行大型深水化、专业化泊位建设，掀起了又一轮港口建设高潮。

中国港口行业的发展与国家经济发展、国家经济体制改革密切相关，随着中国经济开放度大大提高，进出口也大幅增长，而需求增长必然迎来港口行业快速发展。1979 年至 1989 年，中国集装箱吞吐量从 1 万标准箱发展到 100 万标准箱用了 10 年；1989 年至 1998 年，从 100 万标准箱到 1000 万标准箱用了 9 年；1998 年至 2004 年，从 1000 万标准箱到 5000 万标准箱用了 6 年；2004 年至 2007 年，从 5000 万标准箱到 1 亿标准箱用了 3 年，2007 年 11 月 28 日，中国港口集装箱年吞吐量达到 1 亿标准箱；2007 年至 2014 年，从 1 亿标准箱到 2 亿标准箱只用了 7 年。

1949 年，中国港口的货物吞吐量仅有 1000 万吨，而 2018 年的货物吞吐量就达到了 143.51 亿吨。在 70 年的时间里，中国港口货物吞吐量不仅增长了 1434 倍，其中还有 7 大港口跻身全球前十大货物吞吐量港口之列。经过多年的建设和发展，中国港口已经呈现出专业化、大型化、深水化趋势。其中，中国港口拥有生产用码头泊位 23919 个，万吨级以上深水泊位从无到有，截至 2018 年已高达 2444 个，汽车滚装、散粮、邮轮各类专业化码头也在加快建设。作为世界第二大经济体和第一大贸易国，中国 90% 以上的外贸是通过海上运输来完成的，商船遍布全世界 1200 多个港口，中国全球港口货物吞吐量和集装箱吞吐量排名前十的港口中，中国港口占有七席，港口吞吐量和集装箱吞吐量连续 16 年位居世界第一。

1.2 中国港口转型升级的动因

1.2.1 全球航运业发展趋势

1.2.1.1 全球联营体的形成，营运联盟化

随着世界集装箱运输的发展，船公司之间的竞争愈演愈烈，全球集运网络正在逐步形成，集装箱定期航线联盟化发展趋势明显。为了适应超巴拿马集装箱时代带来的资金、货运批量、航线密度、航线覆盖面等经济与营运条件的变化，加大竞争优势，船公司都在进行结盟或合并、兼并以扩充实力。

此前，全球航运界有四大联盟：由赫伯罗特、日本邮船、东方海外、美国总统轮船、现代商船、商船三井组成的 G6 联盟；由中远集运、川崎汽船、阳明海运、韩进海运和长荣海运组成的 CKYHE 联盟；由马士基航运和地中海航运组成的 2M 联盟；由中海集运、阿拉伯联合航运和法国达飞轮船组成的 O3 联盟。2016 年 4 月 20 日，中远海运集团所属中远集运、法国达飞海运、长荣海运及东方海外宣布离开各自联盟，并共同成立新的 "OCEAN Alliance"。2016 年 5 月 13 日，赫伯罗特、阳明海运、商船三井、日本邮船、川崎汽船、韩进海运六家班轮公司组成 "THE Alliance" 联盟。2017 年，全球集装箱航运市场联盟格局进一步演化。4 月，新的 OCEAN Alliance、THE Alliance 和 "2M + 现代商船" 三大联盟主宰全球集装箱航运市场的格局正式开始。

分联盟来看，2018 年 12 月，在远东—欧洲航线上，三大联盟运力占比达到 97%，其中 2M 联盟占 39%，OCEAN Alliance 占 35%（见图 1-1（左））；在远东—北美航线上，三大联盟运力占比达到 82%，其中 OCEAN Alliance 占比达到 37%，受中美贸易波动影响，2M 联盟和 THE Alliance 撤出了部分运力（见图 1-1（右））。

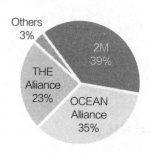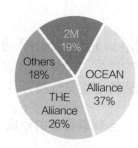

图 1-1　2018 年远东—欧洲航线（左）和
远东—北美航线（右）上三大联盟运力占比情况

资料来源：Alphaliner，上海国际航运研究中心整理

航运联盟开辟航线，建立全球干支航线网络。航运联盟发展关键在于能否使班轮公司实现盈利，他们决定是否在某港口挂靠船舶，航运联盟及其供应链改变了全球贸易的格局，船公司和港口运营商必须提供更全面的物流服务才能保证竞争优势。

1.2.1.2　船舶大型化、航线全球化规律

为了追求规模经济，各航运公司在主要远洋航线上全力推动集装箱船大型化，近 10 年来 12000TEU 以上超大型集装箱船船队运力年均增速达到 48.6%，各主要船公司为获得足够的规模经济效益而开发更大的集装箱船。因为一艘 6000TEU 船的单位运输成本要比一艘 4000TEU 船降低 20%。据对三大干线上班轮航线用船量的统计，5000TEU 以上的第五、第六代集装箱船已接近所用运力的半数，成为国际干线航运的主流船型。

根据法国海事咨询机构 AXS - Alphaliner 的统计，Alphaliner 最新运力数据显示，截至 2019 年 6 月 2 日，全球班轮公司运力 100 强中排名前三的分别是马士基航运、地中海航运和中远海运集运。第四名到第十名依次为：达飞轮船、赫伯罗特、日本神运、长荣海运、阳明海运、现代商船和太平船务，全球班轮公司运力排名 20 的公司总运力为 2062.31 万 TEU，占全球集装箱总运力的 89.48%，市场集中度进一步提升（见表 1-2）。

表1-2 全球二十大集装箱运输班轮公司运力排名

序号	公司	TEU	艘数	运力占比（%）
1	APM-Maersk	4146506	718	17.99
2	Mediterranean Shg Company	3361776	530	14.59
3	COSCO Group	2889248	470	12.54
4	CMA CGM Group	2683009	517	11.64
5	Hapag-Lloyd	1700677	235	7.38
6	ONE（Ocean Network Express）	1543074	215	6.07
7	Evergreen Line	1274341	207	5.53
8	Yang Ming Marine Transport Corp	643180	96	2.79
9	Hyundai M. M.	424566	71	1.84
10	PIL（Pacific int. Line）	394495	121	1.71
11	Zim	298802	62	1.30
12	Wan Hai Lines	268939	95	1.17
13	KMTC	159471	71	0.69
14	IRISL Group	154415	50	0.67
15	Atong Holdings（QASC）	148264	123	0.64
16	Zhongguo Logistics Corp	137513	97	0.60
17	X - Press Freeders Group	125083	81	0.54
18	SITC	110888	79	0.48
19	TS Lines	83516	35	0.36
20	SM Line Corp	75356	18	0.33

资料来源：AXS-Alphaliner 的统计

根据船舶自动识别系统（AIS）的动态和定位追踪记录，在 2018 年第四季度中，全球范围内共有 118 艘箱容超过 14500 标准箱的超大型全格舱式集装箱船（包括季度内建造完工投入使用的 3 艘新造船舶）活跃在各大洋航路上。这些超大型集装箱船在全球 32 个国家的 63 个港口（母港，包括辖下的各个港口）共靠泊了 1818 次。其中，国际航向的挂靠约占 69%，余下的31% 则是各国本国范围内的挂靠。

航线网络布局多元化，直达运输与干支线中转运输兼顾。在实现规模效益与满足客户个性化需求之间寻求平衡：一方面，船公司运营大型船舶有利于实现规模效益，但同时，大型船舶干线挂靠港口数量有限，需要发达的支线喂给；另一方面，为了满足客户快捷运输服务的需要，班轮公司要在尽可能多的港口提供直达航线的运输服务。

船舶大型化对港口产生了重大影响，集装箱船舶的大型化要求更深的港口航道、更大的泊位，并对港口物流产生深远的影响：这种趋势促进港口仓储的功能分化；对物流企业生产能力和效益提出了新的要求。要求港口后勤物流系统有更大的仓储面积，以及先进的自动化、信息化的操作系统，以提高作业的准确性和效率；促进了码头、船公司的合作，班轮公司与码头合作、投资港口物流等正成为一种发展趋势。例如航道水深、宽度、净空高度、船闸、码头长度等。就水深、港口桥式起重机等配备、航道参数等综合因素，以亚欧航线 28 个挂靠港口为例，只有丹吉尔、不来梅、汉堡、哥德堡、奥胡斯、勒阿弗尔、格但斯克 7 个港口无法满足 20000TEU 超大型集装箱船靠泊。有 17 个港口可接纳 25000TEU 集装箱船，包含釜山、上海、宁波、盐田、丹戎帕拉帕斯、光阳、厦门、巴生、阿尔赫西拉斯、费力克斯托、安特卫普、威廉、鹿特丹、泽布吕赫、敦刻尔克、马耳他、阿里山港等港口都可满足超大型集装箱船的靠泊及装卸要求。大阪、香港、汉堡港口桥梁的限制等因素都会对超大型集装箱船进出造成影响。因此，船舶大型化发展还需要港口升级配套设施，以提高集装箱装卸效率、降低航运成本。

1.2.1.3　全球集装箱业务呈集中化趋势，出现少数枢纽港口

随着集装箱船舶大型化、高速化、干线化和联盟化的发展趋势，大型的集装箱干线船为追求自身运营的经济性，尽可能满载且减少船舶的在港停留时间。因此，国际集装箱主干线船舶只停靠一些大型高效的枢纽港，再由这些枢纽港向周边港口辐射。集装箱转运已成为国际集装箱运输中的一个重要作业方式，转运量也日益增多。

业界权威分析机构 AXS-Alphaliner 发布了 2018 年度全球港口集装箱吞吐量 120 强榜单。受全球贸易疲软影响，全球前 20 大集装箱港口吞吐量增速普遍放缓。2018 年全球前 20 大集装箱港口完成集装箱吞吐量 3.4 亿 TEU，同比增长 3.8%，低于上年的 5.6%。2018 年全球港口排名中，中国十大港口入围

全球排名 Top20，上海港以 4201 万 TEU 的集装箱吞吐量稳居全球第一，此次是上海港连续第九年稳居全球第一，远超第二位的新加坡港 3660 万 TEU，宁波舟山港排位上升至全球第三。广州港、天津港等七大港口进入前十。

我们看三大航运联盟的航线挂靠情况，上海港与宁波舟山港的枢纽港地位依旧无法撼动。以海洋联盟（Ocean Alliance）为例，2019 年，投放在两大港口的航线各占 25 条，平分秋色。而其他的港口大型船舶的挂靠则不甚显眼，更多的港口以干线港和喂给港的地位存在。

据德路里数据显示，2018 年全球集装箱港口吞吐量达 78.6 亿标箱，同比增加 5.3%，增速较 2017 年下降 1.0%。其中，中国（含香港）集装箱吞吐量全球占比 31%。

1.2.1.4　绿色航运

2016 年 10 月，国际海事组织海洋环境保护委员会第 70 次会议（IMO MEPC70）决定进一步减少全球硫排放限额至 0.5%，全球范围内燃油（硫含量）从 3.5% 直降到 0.5%，并于 2020 年 1 月 1 日生效，这就是 2020 全球限硫令。这意味着班轮公司需要在 2019 年安排好应对措施：拆解老旧船舶、安装脱硫设施或使用低硫燃油。但无论哪一种方式，都将进一步加重班轮公司的营运成本。以富加拉与新加坡港口燃料油价格对比来看，重油（IFO 380）与低硫燃油（LSFO）的价格相差超 200 美元/吨，一艘 2 万 TEU 型船一年的燃油成本将增加约 1500 万美元。脱硫设备安装在主机和发电机的排烟管上，需要较大空间来布置，2 万吨以下船舶改装较为困难，成本也较为昂贵。经测算，限硫令或将年均增加约 300 亿美元的支出，增加的成本或通过各种方式转嫁至运输链的各个环节，全球航运业将面临新一轮的平衡再调整。

据 AXS-Alphaliner 的数据，截至 2019 年 5 月底，共有 844 艘集装箱船（809 万 TEU），已安装或准备安装洗涤器，相当于全球集装箱船队总数的 16%，运力总数的 35.7%。Alphaliner 指出，由于低硫油价格的不确定性，加之洗涤器安装成本从一年前的 500 万～800 万美元下降至 300 万～500 万美元，使得洗涤器安装这一解决方案变得更具吸引力。全球前 12 大集运公司都在不同程度上选择洗涤器。比如，地中海航运预计将为旗下超过 200 艘集装箱船安装洗涤器，马士基预计洗涤器安装数达船队总数的 10%。日本海洋网联船务预计到 2020 年将有 10 艘船舶安装洗涤器，而赫伯罗特已完成两艘 13000TEU 集装箱船的洗涤器安装，预计还将增加 20 艘。长荣海运大约为 140 艘新造船和在营运船舶安装洗涤器，阳明海运和万海航运分别为 20 艘和 8 艘。

1.2.2 港口及航运业受到贸易保护主义影响

2008 年国际金融危机以来，世界经贸格局深刻调整，美国、日本、欧盟被称为世界经济发展的"三大引擎"，现在都在减速，而"金砖四国"（中国、印度、俄罗斯、巴西）正在崛起，将引领世界经济发展的新潮流。世界范围内的逆全球化现象愈演愈烈，贸易保护主义、单边主义抬头，经济全球化遭遇波折，多边主义和自由贸易体制受到冲击。

2019 年 5 月 10 日，美国政府宣布对 2000 亿美元中国输美产品加征关税，从 10% 上调至 25%。它还变本加厉地威胁称，要对 3000 亿美元中国产品加征关税。作为回应，中国宣布对从美国进口的 600 亿美元商品中的大部分商品加征关税。世界两大经济体的紧张局势加剧，进一步造成不确定性，扰乱了全球供应链。美国通过洛杉矶港和长滩港出口到中国的货物量比上年下降了近 35%，进口量比上年下降了 12.6%。长滩港经手的进口产品中，70% 以上来自中国，其中最常见的是家居用品、家具、电子产品、机器、纺织品和鞋类。南加州 1/9 的工作机会与洛杉矶港和长滩港有关，该港口的业务给南加州创造了 55.5 万个就业岗位，同时还在全美供应链中直接或间接地带来了 260 万个就业机会，贸易摩擦影响就业机会。

贸易保护主义升温，中美贸易摩擦具有较大的不确定性，贸易摩擦影响进一步发酵，由此可能带来港口运输产生较大波动。波罗的海干散货指数 BDI 指数（以下简称 BDI 指数）主要用于衡量铁矿石、水泥、谷物、煤炭和化肥等大宗商品的运输费用，素来有国际贸易风向标的作用。BDI 指数自 2008 年 5 月达到峰值 11440 点后一直持续走低，特别在 2015 年后 BDI 指数出现大幅下跌，并于 2016 年 2 月 10 日跌至最低点 290 点。BDI 指数自 2016 年 2 月开始触底反弹，2017 年 10 月 24 日，BDI 指数攀升至 1588 点，航运业出现回暖迹象。自 2018 年 1 月 BDI 指数出现短期回调，并自第四季度起加速下跌。2019 年年初以来，BDI 指数持续下跌，一度暴跌超过 50%（见图 1-2）。持续的低迷也引发干散货航运船大幅亏损运营，不少船只被迫"闲置"。2019年7月3日BDI指数大涨，达到1549点，7月10日报于1777点，创2018年10月下旬以来的新高。BDI指数近期快速反弹，主要是紧随铁矿石价格上行，但是铁矿石价格不稳，BDI指数会处于波动状态。

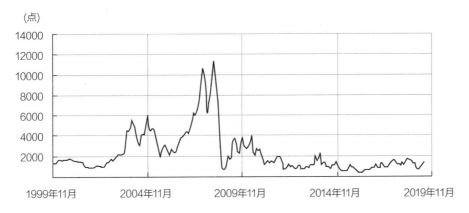

图1-2　波罗的海干散货指数波动

资料来源：浙江船舶交易市场、波罗的海交易所

在贸易投资保护主义升温、贸易摩擦影响进一步发酵、国际融资环境趋紧、金融风险外溢性增强、全球债务水平居高不下、竞争性减税行为增多等因素影响下，2019年世界经济下行风险加大。中国港口建设投资继续下滑，码头能力适应性维持在适度超前水平。近几年，港口吞吐能力适应性保持在适度超前状态，一度触及超前水平，供求关系和新港区开发使竞争加剧，经营效益受到一定影响（见图1-3）。

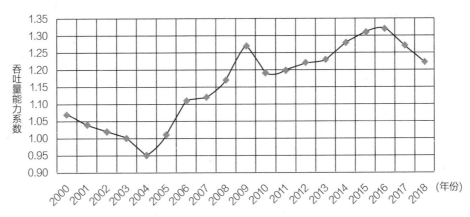

图1-3　沿海港口吞吐量能力适应性变化

1.2.3 "一带一路"倡议

1.2.3.1 "一带一路"倡议及其伟大意义

"一带一路"（The Belt and Road，B&R）是"丝绸之路经济带"和"21世纪海上丝绸之路"的简称。2013年9月和10月，中国国家主席习近平在出访哈萨克斯坦和印度尼西亚时先后提出共建"丝绸之路经济带"和"21世纪海上丝绸之路"的重大倡议。中国政府成立了推进"一带一路"建设工作领导小组，并在国家发展改革委设立领导小组办公室。2015年3月，国家发展改革委、外交部、商务部联合发布《推动共建"丝绸之路经济带"和"21世纪海上丝绸之路"的愿景与行动》（以下简称《愿景与行动》）。2017年5月，首届"一带一路"国际合作高峰论坛在北京成功召开。在2018年9月举办的中非合作论坛北京峰会上，习近平指出："中国愿同国际合作伙伴共建'一带一路'。我们要通过这个国际合作新平台，增添共同发展新动力，把'一带一路'建设成为和平之路、繁荣之路、开放之路、绿色之路、创新之路、文明之路。"

"一带一路"倡议贯穿亚欧非大陆，一头是活跃的东亚经济圈，另一头是发达的欧洲经济圈，中间广大腹地国家经济发展潜力巨大。"丝绸之路经济带"重点畅通中国经中亚、俄罗斯至欧洲（波罗的海）；中国经中亚、西亚至波斯湾、地中海。"丝绸之路经济带"横跨亚欧大陆，绵延7000多公里，途经多个国家，总人口近30亿。以上合组织为例，组织内的6个成员国（中国、俄罗斯、哈萨克斯坦、吉尔吉斯斯坦、塔吉克斯坦、乌兹别克斯坦）、5个观察员国（蒙古国、巴基斯坦、印度、伊朗、阿富汗）、3个对话伙伴国（白俄罗斯、土耳其、斯里兰卡）绝大部分都位于丝绸之路沿线。根据"一带一路"倡议走向，陆上依托国际大通道，以沿线中心城市为支撑，以重点经贸产业园区为合作平台，共同打造新亚欧大陆桥、中蒙俄、中国—中亚—西亚、中国—中南半岛等国际经济合作走廊。

"21世纪海上丝绸之路"从中国东南沿海过南海，经过中南半岛和南海诸国，穿过印度洋，进入红海，抵达东非和欧洲，成为中国与外国贸易往来和文化交流的海上大通道，并推动了沿线各国的共同发展。

"21 世纪海上丝绸之路"以东盟为重要支点，以点带线，以线带面，串起连通东盟、南亚、西亚、北非、欧洲等各大经济板块的市场链，发展面向南海、太平洋和印度洋的战略合作经济带，以亚欧非经济贸易一体化为发展的长期目标。海上以重点港口为节点，共同建设通畅、安全、高效的运输大通道。中巴、孟中印缅两个经济走廊与推进"一带一路"建设关联紧密，将进一步推动合作取得更大进展。

"一带一路"涵盖中亚、南亚、西亚、东南亚和中东欧等国家和地区，沿线 65 个国家和地区主要是新兴经济体和发展中国家，是目前全球贸易和跨境投资增长最快的地区之一。"一带一路"覆盖了全球 40% 的 GDP、65% 的人口和 75% 的自然资源，它将充分依靠中国与有关国家既有的双多边机制，借助既有的、行之有效的区域合作平台，借用古代丝绸之路的历史符号，高举和平发展的旗帜，积极发展与沿线国家的经济合作伙伴关系，共同打造政治互信、经济融合、文化包容的利益共同体、命运共同体和责任共同体。

中国提出"一带一路"倡议得到国际社会响应，成为服务于世界经济发展的全球公共产品。短短 6 年，中国与 125 个国家和 29 个国际组织签署了173 份共建"一带一路"合作文件，形成了互联互通、携手发展的格局。

在"一带一路"倡议下，中国外贸仍保持强劲增速。2013—2018 年，中国与沿线国家货物贸易进出口总额超过 6 万亿美元，年均增长率高于同期中国对外贸易增速，占中国货物贸易总额的比重达到 27.4%。2018 年，中国与沿线国家货物贸易进出口总额达到 1.3 万亿美元，同比增长 16.4%。中国与沿线国家服务贸易由小到大稳步发展。2018 年，中国与"一带一路"沿线国家和地区服务进出口额达到 1217 亿美元，占中国服务贸易总额的 15.4%。

世界银行研究组分析了"一带一路"倡议对 71 个潜在参与国的贸易影响，发现"一带一路"倡议将使参与国之间的贸易往来增加 4.1%。2018 年中国对东盟、金砖国家出口分别增长 11.2% 和 10.5%，高于整体出口增速3.8 个和 2.3 个百分点，对"一带一路"沿线国家进出口增长 14.4%，较整体增速高 3.3 个百分点，占外贸总值的比重提升 0.8 个百分点至 27.3%。

世界银行 2019 年 6 月 18 日发布题为《"一带一路"经济学：交通走廊的机遇与风险》的报告。该报告积极评价"一带一路"对全球贸易和投资增长的意义。该报告指出,"一带一路"倡议全面实施使全球贸易增加 6.2%,沿线经济体贸易增加 9.7%,全球收入增加 2.9%。

贸易往来不断扩大的同时,贸易方式创新也在加快。跨境电商等新业态、新模式也为"一带一路"贸易畅通提供了新的动力。"丝路电商"正在成为国家间经贸合作的新渠道。中国已经和 17 个国家建立了双边电子商务合作机制,在金砖国家等多边机制下,形成了电子商务合作文件,企业对接和品牌培育等实质性步伐加快。

互联互通是贯穿"一带一路"的血脉,而基础设施联通则是"一带一路"建设的优先领域。"一带一路"倡议提出六年来,中国与众多国家一道,在港口、铁路、公路、电力、航空、通信等领域开设了大量合作,有效提升了这些国家的基础设施建设水平。国家信息中心大数据分析显示,在交通基础设施联通方面,从 2016 年到 2018 年,俄罗斯、哈萨克斯坦、越南、缅甸、蒙古国一直是与中国互联互通表现最佳的国家。中国提供贷款用于改善道路、铁路、港口、电力和电信方面的基础设施,一批铁路、公路、港口等重大基础设施项目建成,比如马尔代夫的中马友谊大桥通车、亚吉铁路开通运营,瓜达尔港具备完全作业能力,受到当地人民的普遍欢迎。

2013 年至 2018 年,中国对"一带一路"沿线国家直接投资超过 900 亿美元,完成对外承包工程营业额超过 4000 亿美元,在沿线国家建立了 82 个经贸合作区,总投资超过了 300 亿美元,能源、资源合作、制造业领域大项目顺利推进,部分已经竣工投产。上缴东道国税费约 27 亿美元,为当地创造就业岗位 30 多万个,给"一带一路"沿线国家和人民带去实实在在的好处。

世界银行的报告说,"一带一路"倡议可加快数十个发展中国家的经济发展与减贫,倡议全面实施可使 3200 万人摆脱中度贫困。报告还称,如果贸易便利度改善,贸易限制减少,共建"一带一路"经济体的实际收入可能达到原来的 2~4 倍。此外,加强劳动力流动、调整相关政策可确保收益得到更公平的分享。

英国经济与商业研究中心指出,到 2040 年中国"一带一路"倡议每年都将给全球经济增添 7.1 万亿美元之多,相当于预期全球 GDP 的 4.2%。该咨询机构预测,到 2040 年,全球大约 56 个国家将会看到自己的经济每年增加 100 多亿美元。

1.2.3.2 "一带一路"倡议背景下中国港口转型升级

港口作为"海上丝绸之路"的起点和支点，是全球贸易的流通载体，日益成为区域经济发展的核心和主要驱动力。

《愿景与行动》提出，加强上海、天津、宁波—舟山、广州、深圳、湛江、汕头、青岛、烟台、大连、福州、厦门、泉州、海口、三亚等沿海城市港口建设。"一带一路"倡议是港口发展共赢的机遇，作为"一带一路"的重要节点，港口在"一带一路"建设中有着举足轻重的作用，扮演着"先行官"的角色。随着"一带一路"倡议的深入推进，中国港口"走出去"迎来了新的发展机遇。

伴随着中国发布《愿景与行动》，意味着相关国家战略有了顶层设计规划。基础设施互联互通成为"一带一路"倡议优先领域，这也为中国港口发展带来发展机遇。在基础设施建设上，"一带一路"是唯一一项旨在缩小基础设施差距的协议，"一带一路"倡议将需要相应的基础设施，"一带一路"倡议将对外促进优势资源资本输出，加快中国港口"走出去"参与全球重点港口建设运营步伐。如今，中国港口工程建设企业、勘察规划设计企业、港口机械制造企业等在"一带一路"沿线国家港口建设中均占有一席之地。目前，中国港口已与世界200多个国家、600多个主要港口建立航线联系，海运互联互通指数保持全球第一。海运服务已覆盖"一带一路"所有沿海国家，参与希腊比雷埃夫斯港、斯里兰卡汉班托塔港、巴基斯坦瓜达尔港等34个国家60多个港口的建设经营。

中国企业投资海外港口项目，重点布局"21世纪海上丝绸之路"沿线国家与地区。

目前，海外投资项目最多的当属完成重组的中国两大港航企业——招商局港口和中远海运港口。它们均设立了专业的国际性码头运营公司，历年经营业绩稳定，实力不断增强，取得了良好的经济效益和政治效益。

招商局集团境外实体机构193家，分布于六大洲的44个国家和地区。在全球20个国家和地区（包括中国大陆在内）拥有53个港口，已经形成了遍布于东南亚、南亚、非洲、欧洲等地的港口、物流、金融及产业园区网络，大都位于"一带一路"沿线国家和地区的重要点位。截至2017年底，招商局集团境外企业总资产 7240 亿元人民币，境外营业总收入达 583 亿元人民币，利润总额达 34 亿元人民币，海外业务已经成为招商局重要的利润增长点。

2016 年中远海运港口有限公司订立了"The Ports for ALL"的发展理念，明确码头业务发展的三大战略方向——推进全球化码头布局、发挥与中远海运及海洋联盟的协同效益，以及强化港口及码头业务的控制力和管理能力。2018 年总吞吐量 117365360 TEU。按总吞吐量计算，中远海运港口全球排名第一。中远海运集团在"一带一路"沿线布局集装箱班轮航线 174 条，中远海运散运船队运力规模排名世界第一，2018 年，中远海运散运公司在"一带一路"沿线国家完成散货吞吐量 6461.2 万吨。截至 2019 年 5 月 31 日，中远海运港口有限公司在全球共投资 37 个港口，308 个目标泊位，其中 211 个为集装箱泊位，设计处理能力达 12192 万 TEU。

过去，中国境外港口投资基本都是专业码头运营商参与，目前中国港口企业也纷纷启动国际化战略，深度参与"一带一路"倡议。

上海国际港务（集团）股份（简称"上港集团"）有限公司 2010 年投资比利时泽布吕赫码头公司，成为该码头第二大股东，泽布吕赫港是亚欧航线的末端，为丝绸之路欧洲端的出海口，处于西欧、北欧航运体系的枢纽位置。2015 年上港集团获得以色列海法新港码头 25 年的特许经营权，海法新港则辐射整个中东和东欧地区，全部建成后码头设计年吞吐量 186 万标准箱，至少能占到以色列全国集装箱吞吐量的 1/4 ~ 1/3。上港集团由此加深了和亚欧航线船公司的战略联系，并和世界其他码头运营商建立了很好的合作机制。

宁波—舟山港与"一带一路"沿线近 20 个港口缔结友好港，开辟航线近90 条，年集装箱运量超 1000 万标准箱，已成为东南亚国家输往日韩、北美等地国际贸易货源的枢纽。

青岛港与中石油合作，为缅甸皎漂港提供运营管理服务；与马士基码头公司合作，共同运营管理意大利瓦多利古雷港集装箱码头和冷藏码头；与中远海运港口合作，运营管理阿联酋阿布扎比码头。2018 年 2 月 24 日，青港国际和中远海港口签约成立海路国际港口运营有限公司。2018 年 3 月 6 日，青岛港与西班牙穆尔西亚自治区卡塔赫纳港签约建立友好港关系。至此，青岛港建立的友好港已达 22 个，南有巴基斯坦瓜达尔港，柬埔寨西哈努克港，马来西亚关丹港、巴生港等；西有埃及塞得港、吉布提港、德国汉堡港等；北有法国布雷斯特港、土耳其马普特港等，构筑着联通世界的大格局，实现全球范围内的布点布局。

河北港口集团在印度尼西亚首都雅加达正式注册成立印尼秦海港口有限公司，推动印尼占碑钢铁工业园综合性国际港口项目。2018 年 9 月 17 日，广西北部湾港务集团收购马来西亚关丹港 40% 股份，拥有 60 年特许经营权。

从港口投资类型来看，大部分地区都适宜优先进行从事商品贸易的集装箱码头建设，而且有利于提振双边消费市场，进一步促进经济发展，推动合作迈向深水区；同时，东南亚地区的越南、印度尼西亚、柬埔寨、缅甸，南亚地区的印度、巴基斯坦，西亚地区的土耳其、沙特阿拉伯，以及东北非地区的埃及、苏丹等国建设需求较大，大宗散货码头的建设值得青睐；相对地，原油等液体散货码头随着油价持续下行，国际需求不断增长，沿线国家对油品码头的需求也日益提升。

中国与 47 个沿线国家签署了 38 个双边和区域海运协定。中国宁波航交所不断完善"海上丝绸之路航运指数"，发布了 16 + 1 贸易指数和宁波港口指数。总之，在全球经济复苏缓慢、中国经济发展进入新常态、运输需求增速放缓的背景下，中国港口企业通过参与"一带一路"倡议实现了更为稳定的发展。

习近平总书记明确指出"经济强国必定是海洋强国、航运强国"，对港口发展也相继发出"一流的设施、一流的技术、一流的管理、一流的服务""建设好、管理好、发展好"和"勇创世界一流港口"的重要指示，要求港口进一步提升服务保障能力，进一步加快高质量发展，转型升级、提质增效。港口发展向服务型、知识型港口模式转变。中国港口应该积极投入到"一带一路"建设当中，要主动对接，为全方位对外开放提供更大的战略支撑，大力推动港口的转型升级。

2 中国港口发展现状及港口转型升级的难点

2.1 中国港口布局

港口作为交通运输枢纽、水陆联运的咽喉，通常是铁路、公路、水路和管道几种运输方式的汇集点。港口通过能力受与其连接的各种运输方式能力的制约，反过来，港口能力也影响与其连接的各种运输能力的发挥。中国海岸线总计达 33200 公里，其中大陆海岸线长约 18400 公里，岛屿海岸线长约 14000 公里，南京以下长江岸线长约 800 公里 。中国又是一个岛屿众多的国家，拥有大小岛屿 6500 多个。江河众多，内河流域面积在 100 平方公里以上的共有 5700 多条，总长约 430000 公里，发展水运和建设港口的条件十分优越。

2.1.1 沿海港口布局

目前，中国沿海已形成与经济发展和产业布局相适应，布局合理、层次清晰、功能明确的港口布局形态。全国沿海布局规划了主要港口，其中还划分有区域性枢纽港口 8 个，24 个地区性重要港口，其余为一般性港口。目前中国沿海已经初步形成了与经济发展和产业布局相适应，分工和功能较为明确的五大区域港口群，即环渤海港口群、长江三角洲港口群、珠江三角洲港口群、东南沿海港口群和西南沿海港口群。五大港口群作为区域性的运输组织中心的地位正在形成，已初步形成以港口为中心的煤炭、原油、矿石和集装箱等运输系统，并为支持中国扩大对外开放也发挥重大的作用。沿海港口的合理分布，引导港口协调发展，合理利用和保护港口岸线资源，通过港口的集约化发展来提高港口资源的利用率，为经济社会的协调、可持续发展提供水路交通保障。

全国沿海港口布局如下：

一是环渤海港口群，由辽宁、津冀和山东沿海港口群组成。在环渤海地区 5800 公里的海岸线上，目前有大小 60 多个港口。辽宁沿海港口群以大连东北亚国际航运中心和营口港为主，包括丹东、锦州等港口，主要服务于东北三省和内蒙古东部地区；津冀沿海港口群以天津北方国际航运中心和秦皇岛港为主，包括唐山、黄骅等港口，主要服务于京津、华北及其西向延伸的部分地区；山东沿海港口群以青岛、烟台、日照港为主，包括威海等港口，主要服务于山东半岛及其西向延伸的部分地区。其中亿吨级大港有大连港、天津港、青岛港、秦皇岛港、日照港等。区域内港口较为集中，且大多属于资源拉动型，并且各港口货物吞吐量规模较大。区域内拥有自然条件优越的深水良港，其主要经济腹地为东北地区、华北地区。由于腹地主要以重工业周期性行业为主，导致港口货源以干散货、煤炭等上游原材料为主。

二是长江三角洲港口群，依托上海国际航运中心，以上海、宁波、连云港港为主，充分发挥舟山、温州、南京、镇江、南通、苏州等沿海和长江下游港口的作用，服务于长江三角洲以及长江沿线地区的经济社会发展。

三是东南沿海港口群，由厦门港、福州港、湄洲湾港、泉州港 4 个港口组成，形成以厦门港、福州港为主要港口，湄洲湾港、泉州港为地区性重要港口的分层次布局，规划建设 11 个重点发展港区，作为全省沿海港口服务临港产业和腹地经济发展的战略支撑，服务于福建省和江西等内陆省份部分地区的经济社会发展和对台"三通"的需要。

四是珠江三角洲港口群，由粤东和珠江三角洲地区港口组成。在巩固香港国际航运中心地位的同时，以广州、深圳、珠海、汕头港为主，相应发展汕尾、惠州、虎门、茂名、阳江等港口，服务于华南、西南部分地区，加强广东省和内陆地区与港澳地区的交流。珠江有八大口入海，河网水系发达，港口众多，水上交通极为便利。

五是西南沿海港口群，由粤西、广西沿海和海南省的港口组成。以湛江、防城、海口港为主，相应发展北海、钦州、洋浦、八所、三亚等港口，服务于西部地区开发，为海南省扩大与岛外的物资交流提供运输保障。

全国沿海港口群建设重点如表2-1所示。

表2-1 全国沿海港口群建设重点

区域	主要港口	建设重点
环渤海地区	大连港、天津港、青岛港、秦皇岛港、日照港	集装箱、进口铁矿石、进口原油和煤炭装船中转运输系统
长江三角洲地区	上海港、宁波港、连云港	集装箱、进口铁矿石、进口原油中转运输系统和煤炭卸船运输系统
东南沿海地区	厦门港、福州港、泉州港	煤炭卸船运输系统、进口石油、天然气接卸储运系统、集装箱、陆岛滚装和旅客运输系统
珠江三角洲地区	深圳港、广州港、香港港	集装箱、进口原油中转运输系统和煤炭卸船运输系统
西南沿海地区	湛江、防城港、海口港	集装箱、进口原油、天然气中转运输系统、进出口铁矿石中转运输系统、粮食中转储运系统、旅客中转及邮轮运输系统

2.1.2 内河主要港口

内河形成了长江干线、西江航运干线、京杭运河、长江三角洲高等级航道网、珠江三角洲高等级航道网、18条主要干支流高等级航道和28个主要港口的布局。

2018年末全国内河航道通航里程12.71万公里，比上年增加108公里（见图2-1）。等级航道里程6.64万公里，占总里程的52.3%，提高0.2个百分点。三级及以上航道里程1.35万公里，占总里程10.6%，提高0.8个百分点。

各等级内河航道通航里程分别为：一级航道1828公里、二级航道3947公里、三级航道7686公里、四级航道10732公里、五级航道7613公里、六级航道17522公里、七级航道17114公里等外航道里程6.07万公里。各水系内河航道通航里程分别为：长江水系64848公里、珠江水系16477公里、黄河水系3533公里、黑龙江水系8211公里、京杭运河1438公里、闽江水系1973公里、淮河水系17504公里。

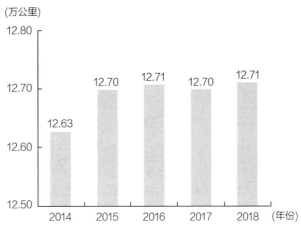

图 2-1 2014—2018 年全国内河航道通航里程

2018 年末全国内河港口生产用码头泊位 18185 个，减少 3563 个。内河港口万吨级及以上泊位 437 个，增加 19 个。2018 年末内河港口吞吐量完成 48.88 亿吨，下降 1.3%。

内河港口在水域自然条件、集疏运系统和专业化程度等方面均要逊色于沿海港口，规模上与沿海港口存在较大差距。2018 年之前，中国内河港口吞吐量在基数偏小的背景下，均以高于全国及沿海主要港口的增速发展。

2013—2017 年，全国内河港口货物吞吐量逐年上涨，从 2013 年的 42.06 亿吨增长至 2017 年的 49.50 亿吨；2018 年 1~11 月，内河港口完成货物吞吐量 37.53 亿吨。内河港口的外贸货物吞吐量增长更为明显，2017 年，内河港口完成外贸货物吞吐量达 4.38 亿吨，增长 10.0%；2018 年前 11 月完成外贸货物吞吐量达 4.06 亿吨（见图 2-2）。随着中国港口资源整合工作的进一步推进，对竞争环境的优化、环保政策趋严，限制煤炭、铁矿石等大宗商品的陆路运输，推进水水联运和水铁联运等多式联运的发展，中国内河港口仍面临较好的发展机遇。

集装箱吞吐量方面，内河港口也呈现逐年增长态势，2017 年，内河港口完成 2739 万 TEU，增长 13.4%。2018 年 1—11 月，内河港口完成集装箱吞吐量 2602 万 TEU，同比增长 5.5%（见图 2-3）。

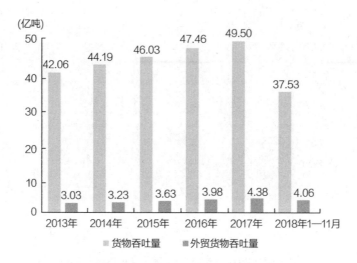

图2-2　2013年至2018年1—11月中国内河港口吞吐量统计

资料来源：交通运输部、前瞻产业研究院整理

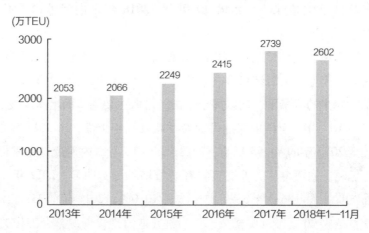

图2-3　2013年至2018年1—11月中国内河港口集装箱吞吐量统计

资料来源：交通运输部、前瞻产业研究院整理

2.2　中国港口发展现状

　　港口行业属于国民经济基础产业，是一个国家对外开放最前沿的窗口，是沟通经贸往来的重要枢纽。自1978年改革开放以来，受益于中国整体经济

的高速增长，中国港口的建设数量、规模、吞吐能力以惊人的速度增长，中国的港口代表了大国枢纽的风采，展示了国家崛起的战略支点。近年来，中国港口大型化、专业化水平明显提速，通过能力显著提升，为国民经济发展提供了有力支撑。经过几十年的发展，中国港口已建设成布局合理、层次分明、功能齐全、河海兼顾、优势互补、配套设施完善、现代化港口体系，形成了环渤海、长江三角洲、东南沿海、珠江三角洲和西南沿海五个港口群，构建了石油、煤炭、铁矿石、集装箱、粮食五大专业化港口运输系统，沿海主要港口专业化码头装卸作业效率世界领先，中国成为港口大国、航运大国和集装箱运输大国。

2.2.1 中国港口吞吐量和集装箱吞吐量快速增长

中国港口 70 年内的年均增长率达到 11.5%。中国现在每年新增港口吞吐能力达 5 亿吨，相当于新建一个上海港。在全球港口货物吞吐量和集装箱吞吐量排名前十的港口中，中国港口占有七席，中国港口吞吐量和集装箱吞吐量连续 16 年位居世界第一。

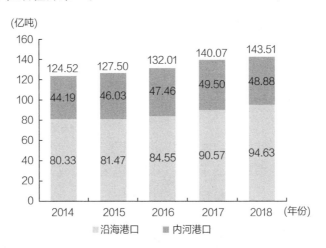

图 2-4 中国港口货物吞吐量及增速

首先，港口吞吐总量和外贸吞吐量稳步提高，其中外贸货物吞吐量与对外贸易发展相一致，成为港口货物吞吐量增长的主要亮点。新中国成立初期，中国港口吞吐量仅有 1000 万吨，而 2018 年全国港口完成货物吞吐量 143.51

亿吨,比上年增长 2.5%。其中,沿海港口完成 94.63 亿吨,增长 4.5%;内河港口完成 48.88 亿吨,下降 1.3%（见图 2-4、表 2-2）。

表 2-2　2016—2018 年港口货物吞吐量排名及增长情况　　单位:万吨

2017 年排名	2018 年排名	港口名称	2016 年	2017 年	2018 年	增速（%）
1	1	宁波—舟山	92209	100711	108439	7.7
2	2	上海	64482	75051	73048	-2.7
5	3	唐山	52051	57320	63710	11.1
4	4	广州	54356	59011	61313	3.90
6	5	青岛	50083	50799	54000	6.3
3	6	苏州	57937	60774	53200	-12.5
7	7	天津	55056	50056	50774	1.4
8	8	大连	43660	45517	46784	2.8
9	9	烟台	35407	40058	44308	10.6
11	10	日照	35007	36136	38067	5.3
10	11	营口	35217	36267	37001	2.0
12	12	湛江	25612	28208	30185	7.0
13	13	黄骅	24475	27028	28771	6.4
17	14	南通	22614	23572	26700	13.3
16	15	南京	21973	23913	25200	5.4

资料来源:中国港口协会

其次,集装箱吞吐量及增速,国内港口集装箱发展成为港口主要增长点,港口集装箱运输已经彻底改变了过去以到周边国家和我国香港地区中转为主的地位,成为带动世界集装箱吞吐量增长的主要力量。

根据交通部发布的数据来看,2018 年全国港口完成集装箱吞吐量 2.51 亿 TEU,比上年增长 5.3%。其中,沿海港口完成 2.22 亿 TEU,增长 5.2%;内河港口完成 2909 万 TEU,增长 6.2%（见图 2-5）。全国规模以上港口完成集装箱铁水联运量 450 万 TEU,增长 29.4%,占规模以上港口集装箱吞吐量的 1.80%。

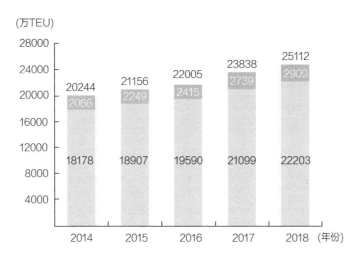

图 2 - 5　2014—2018 年中国港口集装箱吞吐量

2018 年全球 20 大集装箱港口排名如表 2 - 3 所示。

表 2 - 3　2018 年全球 20 大集装箱港口排名

2018 年排名	2017 年排名	2016 年排名	港口名称	2018 年（万 TEU）	2017 年（万 TEU）	2016 年（万 TEU）	2018 年增速（%）
1	1	1	上海	4201	4023	3713	4.42
2	2	2	新加坡	3660	3367	3090	8.70
3	4	4	宁波—舟山	2635	2461	2157	7.07
4	3	3	深圳	2574	2521	2411	2.10
5	7	7	广州	2192	2037	1858	7.61
6	6	6	釜山	2159	2049	1945	5.37
7	5	5	香港	1959	2077	1981	−5.68
8	8	8	青岛	1930	1830	1801	5.46
9	10	10	天津	1600	1507	1450	6.17
10	9	9	迪拜	1495	1540	1477	−2.92
11	11	12	鹿特丹	1451	1373	1239	5.68
12	12	11	巴生	1203	1198	1317	0.42
13	13	14	安特卫普	1110	1045	1004	6.22
14	14	16	厦门	1070	1038	960	3.08

续表

2018 年排名	2017 年排名	2016 年排名	港口名称	2018 年（万 TEU）	2017 年（万 TEU）	2016 年（万 TEU）	2018 年增速（%）
15	15	13	高雄	1045	1027	1046	1.75
16	16	15	大连	977	971	959	0.62
17	17	18	洛杉矶	946	934	886	1.28
18	19	19	丹戎帕拉帕斯	879	826	828	6.42
19	18	17	汉堡	873	880	893	0.80
20	20	20	林查班	796	778	723	2.31

注：全球十大集装箱港口中，中国有 7 个

2.2.2 港口基础设施建设取得显著成效

大型化、深水化、专业化港口基础设施建设取得显著成效，可持续发展能力明显增强。煤油矿箱四大货类码头布局进一步完善，主要港口航道等级 10 万吨级以上，专业化码头和航道条件适应了当今国际航运船舶大型化发展。2018 年末全国港口拥有生产用码头泊位 23919 个，比上年减少 3659 个。其中，沿海港口生产用码头泊位 5734 个，减少 96 个；内河港口生产用码头泊位 18185 个，减少 3563 个。2018 年末全国港口拥有万吨级及以上泊位 2444 个，比上年增加 78 个。其中，沿海港口万吨级及以上泊位 2007 个，增加 59 个；内河港口万吨级及以上泊位 437 个，增加 19 个（见表 2 - 4）。

表 2 - 4 2018 年全国港口万吨级及以上泊位数量　　　　单位：个

泊位吨级	全国港口	比上年增加	沿海港口	比上年增加	内河港口	比上年增加
合计	2444	78	2007	59	437	19
1～3 万吨级（不含 3 万）	845	11	656	5	189	6
3～5 万吨级（不含 5 万）	416	17	294	9	122	8
5～10 万吨级（不含 10 万）	786	24	672	19	114	5
10 万吨级及以上	397	26	385	26	12	—

资料来源：2018 年交通运输行业发展统计公报

2018 年，全国万吨级及以上泊位中，专业化泊位 1297 个，比上年增加 43 个；通用散货泊位 531 个，比上年增加 18 个；通用件杂货泊位 396 个，比上年增加 8 个（见表 2 - 5）。

2017 年，全国万吨级及以上泊位中，专业化泊位 1254 个，比上年增加 31 个；通用散货泊位 513 个，比上年增加 7 个；通用件杂货泊位 388 个，比上年增加 7 个。

表 2 - 5　全国万吨级及以上泊位构成（按主要用途分）　　　单位：个

泊位用途	2018 年	2017 年	比上年增加
专业化泊位	1297	1254	43
#集装箱泊位	338	328	10
煤炭泊位	252	246	6
金属矿石泊位	85	84	1
原油泊位	82	77	5
成品油泊位	140	140	—
液体化工泊位	217	205	12
散装粮食泊位	41	41	—
通用散货泊位	531	513	18
通用件杂货泊位	396	388	8

资料来源：2018 年交通运输行业发展统计公报

2018 年末全国拥有水上运输船舶 13.70 万艘，比上年下降 5.5%；净载重量 25115.29 万吨，下降 2.1%；载客量 96.33 万客位，下降 0.4%；集装箱箱位 196.78 万标准箱，下降 9.0%。

2.2.3　临港产业积聚

为了适应国际航运市场船舶大型化、专业化发展的要求，国内港口运输逐步向大型、综合性港口积聚，沿海以枢纽港口为骨干、大中小港口合理分工的格局和重要货种运输系统合理配置的港口布局已初步形成，港口规模得到扩大，区域性作用日趋突出。特别港口建设和运营的市场化程度不断提高，沿海港口建设投资主体多元化的格局已经形成。

临港产业积聚的局面也逐步形成，以港口为依托的石化、钢铁等产业向沿海积聚局面正在形成，发展速度加快。同时，临港产业的加速发展，也有效带动了港口需求的增长，两者相辅相成、互动发展，构成沿海港口发展的主要特征。

2.2.4 形成了专业化、高效运输系统，货物吞吐量结构合理

《全国沿海港口布局规划》还确定了涉及国计民生的 8 个主要运输货种的合理运输系统布局方案，方案不仅考虑了港口自身的运输规律性，还重点考虑了与其他运输方式的有效衔接。主要包括煤炭、石油、铁矿石、集装箱、粮食、商品汽车、陆岛滚装、旅客八大运输系统。从货类布局看，已形成了围绕煤炭、原油、矿石和集装箱四大货物的专业化、高效运输系统；以北方沿海秦皇岛、唐山、天津、黄骅、青岛、日照、连云港 7 港为主的煤炭装船港和华东、华南沿海公用和企业专用煤炭卸船码头为主构成的"北煤南运"煤炭运输系统；以大连、天津、青岛、南京、宁波、舟山、泉州、惠州、茂名、湛江等港口 5 万～30 万吨级泊位构成的沿海原油运输系统；由大连、营口、青岛、上海、宁波、舟山、湛江等港口 10 万～30 万吨级泊位构成的铁矿石运输系统；以大连、天津、青岛、上海、宁波、厦门、深圳、广州 8 港为干线港，相应支线及喂给港组成的集装箱运输系统。特别在煤炭、石油、铁矿石和集装箱等重要物资运输方面，国内港口作为一个中转枢纽，发挥着运输组织与区域辐射的作用。2018 年国务院办公厅印发《推进运输结构调整三年行动计划（2018—2020 年）》，要求推动集疏港铁路建设，推进大宗货物集疏港运输向铁路和水路转移，并对铁路货运提出增加 11 亿吨的目标。

港口集疏运交通体系基本框架如图 2-6 所示。

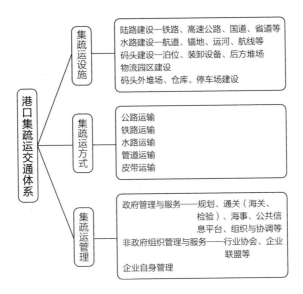

图 2-6　港口集疏运交通体系基本框架

2.2.5　港口管理体制逐步健全

2001 年 10 月 8 日由国家经贸委、财政部、中央企业工委三家联合下发《关于深化中央直属和双重领导港口管理体制改革的意见》。关键在于政企分开，建立现代企业制度。交通部对全国港口实行统一行政管理，负责制定全国港口行业的规划，按有关规定调控岸线资源的合理利用，对大中型港口建设项目提出行业审查意见，制定港口行业发展政策和法规，并实施监督；省级人民政府交通（港口）主管部门负责本行政区域内港口的行政管理工作；省级或港口所在城市人民政府港口主管部门按照"一港一政"的原则依法对港口实行统一的行政管理；港口企业作为独立的市场主体，依法从事经营。实质是政企分开、多家经营、一港一政、统一管理。

2003 年出台的《中华人民共和国港口法》标志着中国港口管理步入了以法行政、以法治港，港口管理迅速与国际接轨的历史新阶段。2006 年 9 月，交通部为进一步优化沿海港口布局，合理有序开发和利用港口岸线资源，加强国家对港口规划和建设的管理，颁布了《全国沿海港口布局规划》，标志着中国沿海港口建设与发展进入了新的发展阶段。同时，港口下放、区港联动和港口体制改革,推动了港口发展新一轮热潮。

中国推行供给侧结构改革,成效显著。班轮公司收取的码头操作费(THC)是衡量港口成本的重要指标。2018年中国码头操作费低于国际整体水平,中国码头操作费指数为100,低于泰国(130)、荷兰(180)、日本(230)、巴西(250)、美国(350)等国家。堆存方面,国内外堆存保管费普遍采用"免堆期+阶梯价格"模式,整体来看,国外港口免堆期外阶梯费率普遍大幅高于国内港口,大陆港口非免堆期阶梯价格普遍在50元人民币左右,仅个别港口非免堆期阶梯价格在100元人民币以上,整体低于东南亚(约合100元人民币)、中国香港(约合400元人民币)、日本(合175~700元人民币)、鹿特丹港(合380~700元人民币)、纽约新泽西港(合1000~2300元人民币)等国家或地区的港口。

2.2.6 港口通达性、繁忙性及要冲性排名

中国港口网(www. chinaports. com)联合上海海事大学,集合数十位专家学者,从多个关键细分维度对全球3000多个港口的综合竞争力进行评估与排行,同时重点跟踪研究了"一带一路"沿线国家的重要港口及其竞争力状况。鉴于政府规划和政策支持的背景,本研究为响应国家"一带一路"倡议,特将研究对象选定为亚欧非国家的沿海港口。

本研究分析2018年6月港口"通达性",排名前25的港口中,上海、新加坡、宁波—舟山、广州、天津、高雄、青岛、大连、深圳、烟台、香港、巴生港、厦门、杰布阿里位于亚洲;鹿特丹、安特卫普、阿姆斯特丹、汉堡、伦敦、圣彼得堡、阿尔赫西拉斯、勒哈弗尔、比雷埃夫斯、南安普顿、不来梅港位于欧洲。其中中国港口有11个,中国港口占比最高,达到44%(见表2-6)。

表2-6 通达性前25名的港口

序号	港口名称	地区（国家）	序号	港口名称	地区（国家）
1	鹿特丹	欧洲（荷兰）	14	烟台	亚洲（中国）
2	上海	亚洲（中国）	15	香港	亚洲（中国）
3	新加坡	亚洲（新加坡）	16	伦敦	欧洲（英国）

续表

序号	港口名称	地区（国家）	序号	港口名称	地区（国家）
4	宁波—舟山	亚洲（中国）	17	圣彼得堡	欧洲（俄罗斯）
5	安特卫普	欧洲（比利时）	18	阿尔赫西拉斯	欧洲（西班牙）
6	广州	亚洲（中国）	19	巴生港	亚洲（马来西亚）
7	天津	亚洲（中国）	20	厦门	亚洲（中国）
8	阿姆斯特丹	欧洲（荷兰）	21	杰布阿里	亚洲（阿拉伯联合酋长国）
9	高雄	亚洲（中国）	22	勒哈弗尔	欧洲（法国）
10	青岛	亚洲（中国）	23	比雷埃夫斯	欧洲（希腊）
11	大连	亚洲（中国）	24	南安普顿	欧洲（英国）
12	汉堡	欧洲（德国）	25	不来梅港	欧洲（德国）
13	深圳	亚洲（中国）			

2018 年 6 月港口"要冲性"，排名前 15 的港口中，鹿特丹、安特卫普、阿姆斯特丹、汉堡、圣彼得堡位于欧洲；新加坡、上海、宁波—舟山、高雄、天津、广州位于亚洲；休斯顿、南路易斯安那港、纽约新泽西、温哥华位于美洲。其中亚洲港口有 6 个，亚洲港口占比较高，达到 40%。

2018 年 6 月港口"繁忙性"，排名前 20 的港口中，鹿特丹、安特卫普、伦敦、汉堡、阿姆斯特丹位于欧洲；上海、广州、香港、宁波—舟山、深圳、新加坡、釜山、名古屋、珠海、天津、高雄、青岛、厦门、仁川、巴生港位于亚洲。其中中国港口有 10 个，占比为 50%，处于垄断地位，同比减少 28%。

2.2.7 丝路海运

2018 年 12 月，由中远海运集团、福建交通运输集团和厦门港务控股集团共同发起成立"丝路海运"联盟的倡议，并顺利开行了首批以"丝路海运"命名的集装箱航线。"丝路海运"是面向全国和"一带一路"沿线国家开放的品牌，由港口、航运和物流企业等组成，以海运业务为主干，连接中国港口与"21 世纪海上丝绸之路"沿线国家港口之间的贸易往来。在这半年里，航线业务持续增长。

2.2.8 港口企业成长性好

日前，港口圈整理了全国22家港口上市企业年报，对其中的总资产、净资产、营业收入、净利润等指标进行了统计，港口企业成长性好。具体见表2-7、表2-8。

表2-7　2018年港口上市企业总资产及净资产指标　　　单位：亿元

序号	股票代码	股票简介	总资产	同比增长（％）	排名	净资产	同比增长（％）	排名
1	600018	上港集团	1443.67	2.22	1	755.48	8.73	1
2	001872	招商港口	1280.18	17.30	5	307.06	8.03	5
3	00144.HK	招商局港口	1200.35	6.01	2	646.08	2.60	2
4	601018	宁波港	736.22	18.35	4	383.49	5.44	4
5	01199.HK	中远海运港口	608.67	1.02	3	391.65	-0.44	3
6	601298	青岛港	487.66	1.48	6	269.8	14.54	6
7	601880	大连港	353.16	-3.5	7	182.76	1.30	7
8	600717	天津港	342.02	-5.08	8	158.74	1.24	8
9	601326	秦港股份	259.6	0.72	10	138.95	3.65	10
10	601228	广州港	251.87	13.90	11	125.6	3.97	11
11	601000	唐山港	232.21	5.57	9	157.56	8.50	9
12	6000017	日照港	215.21	6.81	13	112.48	5.77	13
13	000582	北部湾港	171.17	9.12	14	92.06	26.82	14
14	600575	皖江物流	167.77	-2.81	15	86.62	5.05	15
15	600190	锦州港	164.92	5.82	17	62.27	3.41	17
16	600317	营口港	161.75	-0.92	12	116.39	7.78	12
17	000088	盐田港	103.36	11.19	16	67.38	7.63	16
18	601008	连云港	90.74	-8.29	19	31.93	-2.14	19
19	000905	厦门港务	85.53	5.81	21	26.88	0.53	21
20	600279	重庆港九	81.13	-4.85	18	36.17	-1.07	18
21	000507	珠海港	68.39	12.58	20	28.74	2.89	20
22	002040	南京港	46.92	0.03	22	25.66	6.33	22

表 2-8 2018 年港口上市企业营业收入及净利润指标 单位：亿元

序号	股票代码	股票简介	营业收入	同比增长（%）	排名	净利润	同比增长（%）	排名
1	600018	上港集团	380.43	1.65	1	102.76	-10.92	1
2	601018	宁波港	218.8	20.33	2	28.84	7.75	4
3	000905	厦门港务	133.91	-2.35	3	0.25	-76.81	21
4	600717	天津港	130.6	-8.23	4	6	-27.12	13
5	601298	青岛港	117.41	15.72	5	35.93	18.09	3
6	600575	皖江物流	110.88	16.03	6	4.16	30.06	16
7	601000	唐山港	101.38	33.18	7	16.1	10.02	6
8	001872	招商港口	97.03	29.61	8	10.9	-53.90	7
9	00144.HK	招商局港口	87.23	16.90	9	62.2	20.20	2
10	601228	广州港	86.43	4.03	10	7.19	3.11	10
11	601326	秦港股份	68.77	-2.22	11	8.1	-15.86	9
12	601880	大连港	67.54	-25.20	12	5.23	4.50	14
13	01199.HK	中远海运港口	67.34	57.60	13	19.73	42.90	5
14	600279	重庆港九	63.67	0.73	14	1.36	-71.88	20
15	600190	锦州港	59.22	30.68	15	2.42	69.03	17
16	6000017	日照港	51.3	6.78	16	6.44	74.69	12
17	600317	营口港	48.14	26.06	17	10.01	87.03	8
18	000582	北部湾港	42.11	13.46	18	6.46	8.52	11
19	000507	珠海港	26.15	33.39	19	1.69	19.52	18
20	601008	连云港	13.17	0.72	20	0.03	-72.40	22
21	002040	南京港	7.18	5.88	21	1.64	54.25	19
22	000088	盐田港	4.04	17.38	22	4.75	17.38	15

2.3 中国港口转型升级的难点

从发展现状来看，中国沿海港口虽然吞吐量位列全球第一，但仍以生产要素配置、基础航运为主，存在软实力不足、可持续性弱、粗放式发展等问题。过亿吨的大型港口之间服务雷同导致竞争不断加剧，当前没有找到转型的突破办法，还是在用传统的提高吞吐量的办法进行后续的发展和竞争。中国转型升级的难点主要表现在以下几方面：

2.3.1 国际化、市场化、现代化程度有待提升

近年来，中国现代物流业发展很快，但总体水平落后，还不能适应国民经济发展的需要。目前，发达国家社会物流费用与 GDP 的比率一般在 9%～10%左右，而中国 2018 年社会物流总费用与 GDP 的比率为 14.8%，高出发达国家。这个比率每降低 1 个百分点，就等于创造 2800 亿元的经济效益。可见，中国物流业发展的差距很大，潜力也很大。港口物流也不例外，其规模普遍较小，业务单一，规模经济性较差。港口运输成本、仓储成本、管理成本均达不到国际港口的先进水平。物流基础设施薄弱，有些虽建造了成本较高的现代化仓库，购买了大量的物流处理设备，但这些设施与市场需求存在较大差距。内河港口结构有待优化，服务功能较为单一，枢纽作用不强。

2.3.2 港口的集疏运能力有待提升，结构性矛盾比较突出

一是港口的集疏运网络与发达国家相比还有很大差距。二是中国港口深水航道和后方集疏运系统建设也相对滞后，目前，疏港铁路通过能力不足以严重影响部分港口的正常生产，公路和内河航道难以满足需求，严重制约了港口的进一步发展。三是港口运输结构方面，中国港口的运输体系也不太合理，90%以上仍是依靠公路来连接。水水联运、水铁联运等问题也有待进一步解决。2016—2018 年规模以上港口铁水联运集装箱量见图 2－7。

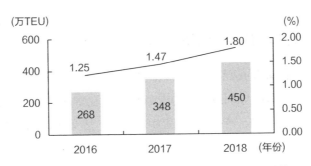

图 2-7 2016—2018 年规模以上港口铁水联运集装箱量

资料来源：交通运输部

发达国家集装箱铁路运输占全国铁路货运量的比重在 30%～50%，而中国计划 2020 年达到 20% 左右。每提高多式联运比重 1 个百分点可以降低物流总费用约 0.9 个百分点。2016—2018 年，中国集装箱铁水联运量复合增长率在 29.6%，短短三年间，运量增长达到近 80%，市场发展可谓火爆。但从市场份额来看，中国集装箱铁水联运市场份额严重不足，2018 年全国规模以上港口集装箱吞吐量 24982.43 万 TEU，而铁水联运比例仅占 1.72%，远远落后于欧美国家的 10%～30%。

此外深水航道、大型码头建设还不能满足船舶大型化发展的需要。

2.3.3 信息化服务水平与国外仍存在差距

交通运输部积极推进"互联网＋"水运应用，开展智慧港口示范工程建设，加快港口信息化、智能化进程，全球规模最大的洋山深水港区四期全自动化集装箱码头 2017 年底试运行。建立全程"一单制"服务方式，推动港口作业无纸化。推广使用长江电子航道图、北斗定位系统。港口物流信息系统的功能在港口物流所涉及的相关行业部门中缺乏协调性和共享性。中国港口平均花费时间为 34 小时，而釜山港仅为 3 个多小时。中国当前的港口智慧化建设仍与国外存在差距，中国自动化码头还处于起步阶段。截至 2018 年 9 月，全球自动化集装箱码头 34 个（含在建 3 个），其中，全自动化码头 13 个，半自动化码头 21 个；欧洲 10 个，亚洲 17 个，美洲 4 个，澳洲 3 个。而中国内地仅有厦门港远海、青岛港、上海港洋山四期 3 个自动化码头建成投产。

2.3.4 港口间发展缺乏协调性，联盟程度低

中国港口还普遍存在竞争无序、建设相对过剩、腹地重叠、经济结构同质化、相互合作协调少等问题。一是港口建设存在贪大和盲目铺摊子的现象，新增产能未能有效消化，产能过剩较为突出。二是交通运输布局和港口分工之间尚未形成相互支持，在促进港口合理分工方面也存在着力度不够的问题，限制了自身的发展，也降低了区域整体物流实力，减弱了竞争力。三是存在同质化以及无序竞争的情况，比如环渤海 5000 多公里范围内，有 60 多个港口，其中排到全国前十大港口中有六个至今仍主要以运输煤炭和大型铁矿石为主。四是沿海港口与内陆地区的衔接问题，"一带一路"倡议强化了东、西双向开放的格局，但由于港口既有的区位、产业、对外贸易优势，东部沿海地区仍将是中国对外开放的重要阵地，其与内陆地区的衔接明显不够。

2.3.5 港口物流的专业人才匮乏

港口物流的专业人才极其匮乏，而且普遍缺乏现代物流意识，这同时导致了专业化物流服务方式有限，物流企业的经营管理水平有待提高。据港口圈数据，17% 的劳务工为初中及以下学历，32% 为高中学历，33% 为专科学历，17% 为本科学历，仅有 0.8% 为硕士研究生及以上学历，这显然不能满足自动化码头对技术精英的需求。与此同时，决策层、管理层对现代物流的认知程度有待进一步提高。

2.3.6 可持续发展的理念需要贯彻

中国港口以货物装卸为主导业务，依赖腹地的外贸实力和本地工业竞争力，港口吞吐量极易随生产制造业中心的转移而转移，可持续性发展弱。保证港口可持续发展已经成为中国港口发展面临的重要问题，需要在资源利用方式、港口布局理念等方面开辟新的思路。中国港口资源总量不充裕和分布不均衡，港建资源，特别是不可再生的深水岸线资源日渐短缺，资源利用和港口布局理念需要开辟新思路。水运绿色安全发展标准体系不健全，监测监管

手段不到位，重大突发事件应急保障能力不完善，部分区域港口、船舶污染物排放治理滞后，船舶溢油风险和危化品、易燃易爆物品生产安全隐患突出，污染排放、危险化学品安全隐患、安全应急体系建设滞后。

2.3.7　港口软实力不足

目前，中国大部分港口的经营集中在港口相关领域，以货物装卸、物流仓储、造船业为主，经营模式单一，业务面窄。港口竞争不仅仅看吞吐量，还要看这个地方对全球航运格局的配置作用，是否有能力掌控全球航运高端服务。与世界航运中心的构成要素相比，中国港口在航运服务、金融创新、海事法务、保险、航运组织联盟、服务标准规范等产业链条方面仍存在较大差距，中国港口的软实力仍较为欠缺。2019 年 7 月 11 日上午，新华·波罗的海国际航运中心发展指数在上海发布，该指数从港口条件、航运服务和综合环境三个维度，全面反映国际航运中心城市的综合发展水平。2019 年全球航运中心城市综合实力前 10 位分别为新加坡、香港、伦敦、上海、迪拜、鹿特丹、汉堡、纽约—新泽西、休斯敦、雅典（见表 2-9）。伦敦、纽约、东京等早已退出前 20 强吞吐量排名，但不影响它们仍是世界上举足轻重的国际航运中心。

表 2-9　新华·波罗的海国际航运中心发展指数排名（前十名）

排名	2019 年	2018 年	2017 年	2016 年	2015 年	2014 年
1	新加坡	新加坡	新加坡	新加坡	新加坡	新加坡
2	香港	香港	伦敦	伦敦	伦敦	伦敦
3	伦敦	伦敦	香港	香港	香港	香港
4	上海	上海	汉堡	汉堡	鹿特丹	鹿特丹
5	迪拜	迪拜	上海	鹿特丹	汉堡	汉堡
6	鹿特丹	鹿特丹	迪拜	上海	上海	迪拜
7	汉堡	汉堡	纽约—新泽西	纽约—新泽西	迪拜	上海
8	纽约—新泽西	纽约—新泽西	鹿特丹	迪拜	纽约—新泽西	东京
9	休斯顿	东京	东京	东京	釜山	纽约—新泽西
10	雅典	釜山	雅典	雅典	雅典	釜山

2.3.8 沿海与内河交通固定资产投资下降

从投资方面来看，受港口建设接近饱和、行业产能过剩、地方政府投资不足等影响，市场总体增长空间受限，沿海传统水运建设工程市场投资持续负增长，但跌幅收窄（见图2-8）。交通运输部公布的数据显示，2018年1~11月，沿海与内河交通固定资产投资完成约为1060.92亿元。

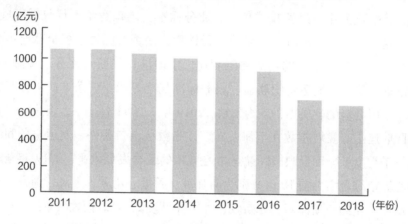

图2-8 2011—2018年中国沿海港口行业投资规模

资料来源：交通运输部

3 港口代际划分与中国港口转型升级的方向

3.1 港口代际划分

3.1.1 各代港口的划分

对现代港口功能发展最早做出区别划分的是 1992 年联合国贸发会在《港口的发展和改善港口的现代化管理和组织原则》。它第一次对港口功能代别、形成年代、主要货物、功能战略、活动范围、组织和生产特点等做出明确的阐述，将港口分为第一代、第二代、第三代三类港口。1999 年在联合国贸易和发展会议上又提出了第四代港口的概念（见图 3-1）。

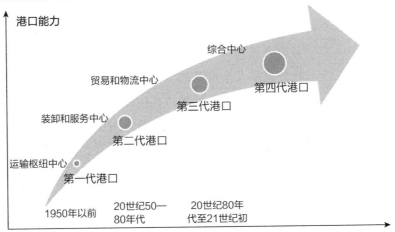

图 3-1 联合国贸易和发展委员会对港口的分类

注：本图为国际发达国家主要港口发展情况，中国港口发展进程与国际大型港口相比存在一定的滞后

资料来源：中国产业信息网

3.1.1.1 第一代港口

第一代港口是指 20 世纪 50 年代以前的港口，港口的形成和发展是建立在第一次产业革命及第二次产业革命的基础上的。在当时从整体上来讲，整个国民经济是建立在重化工业的基础上的，世界工业资源分布及生产在全球的不均衡，决定了港口的主要功能在于集散大宗的散货（金属矿石、煤炭）与液体货物（原油及相关产品），成品及半成品在整个海运物流中的比重比较小。散货及液体货在海陆间的运输已完全实现了机械化，港口的规模主要依赖于腹地货物的丰歉。在这一时期，货物运输的特点是小批量、大运量，对货物运输的及时性要求并不是很高，依托于港口货物运输而产生的相关服务业的规模有限，而港口对于临海型工业的发展有着决定性的作用。

3.1.1.2 第二代港口

第二代港口的兴起是在 20 世纪 50 年代以后，随着"二战"的结束，西方国家进入了一个前所未有的快速发展时期，以微电子、生物工程、通信技术为标志的第三次产业技术革命对整个社会经济产生了深远的影响，随着高新技术产业的崛起，传统的重化工业在国民经济中的地位日渐衰落。而与此同时，西方国家内部的产业分工体系正在初步形成，由于经济发展的地区差异及政治原因，全球性的经济一体化尚未全面开始。在这一时期，世界海运的一个基本特点是，全球海运的三大货物中散货及液体货物出现了停滞，与此同时，生产的全球化使成品及半成品的全球运输需求增加，集装箱运输作为对杂货运输的一场革命，它对于包括港口在内的全球集装箱运输体系的革新产生了深远的影响，在海上枢纽港与支线港日渐分离，港口的内陆运输体系也形成了枢纽节点与支线节点相补充的运输网络体系，海陆联运在发达国家已初具规模，多式联运的硬件系统和软件系统已经建成，以单纯吞吐量对港口的简单评价的时代已经过去，集装箱吞吐量成为现代港口功能和地位的主要标志。

3.1.1.3 第三代港口

20 世纪 80 年代以来，全球经济一体化步伐的加快，现代科学技术的发展及网络经济的崛起，对运输提出了更高的要求，它要求实现以满足客户的需求为出发点，进行从起点到终点的原材料、中间产品过程库存、最后产品和相关信息有效流动和储存的全程服务，也就是现代社会所要求的综合物流服务，综合物流时代的到来促进了现代港口从第二代向第三代的转变。联合国贸发会对于第三代港口的定义是：居区域经济技术中心及高度现代化、商业化、信息化国际贸易大港；它以技术、管理、信息生产要素为基础，以建设全程运输服务中心和国际商贸后勤基地为重点，以自己所具有的综合优势发展成为经济中心及高度现代化、商业化、信息化的国际贸易大港，为国际第三代港口。而只有自然条件优越、港口吞吐量较大，有完善的金融、贸易、航舶代理、通信、信息等港口辅助支持系统，地处国际集装箱干线上的集装箱枢纽港才能发展成为国际第三代港口。

3.1.1.4 第四代港口

1999 年在联合国贸易和发展会议上又提出了第四代港口的概念，定义第四代港口为"物理空间上分离但是通过公共经营者或管理部门链接"（Physically Separated But Linked Through Common Operators or Through a Common Administration）的组织，即意味着新一代港口将超越原来运输枢纽中心、装卸和服务中心及第三代港口所提的贸易和物流中心的概念，能够提供灵活、敏捷、准时的服务。

第四代港口于 21 世纪初开始形成，为港航之间联盟与港际之间合作联盟的信息化、柔性化港口。这一代港口具备前三代港口功能，并且其主要是建立在港航之间的联盟与港际之间合作联盟基础上的，处理的货物主要是大型化、高度信息化、网络化的，同时应满足市场柔性需求，还具有生产精细化、敏捷化特征。其具体特征是：港航之间联盟与港际之间的联盟，一些港口运营商经营的码头正在形成网络；港口与航运及其相关的物流活动之间的互动在构建无缝供应链时非常重要；港口的信息化、网络化、敏捷化使得港口能够对市场需求做出敏捷的快速反应，满足客户提出的各种差异化、个性化的需求。具有大型化、深水化、专业化的航道与码头设施，密集的全球性国际直达干线，内外便捷联结全球的公共信息平台，是第四代港口最主要的特征。其处理的货物主要是集装箱，发展策略是港航联盟与港际联盟，生产特性是整合性物流，成败关键是决策、管理、推广、训练等软因素。

3.1.2　各代港口功能及特征

港口发展历程如图 3 - 2 所示。

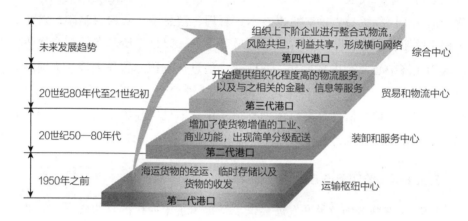

图 3 - 2　港口发展历程

3.1.2.1　第一代港口

第一代港口是指 1950 年以前的港口，其功能为海运货物的转运、临时存储以及货物的收发等，港口只是海洋运输同内陆运输之间的一个接口。其特征是：同运输活动、贸易活动相分离，只是货物转移的一个场所，功能是船岸之间的货物转移；它把自己作为一个独立地方，同当地政府，甚至是货运客户的合作关系都很少；港口中不同的业务彼此孤立；第一代港口主要转运杂货、散货。

3.1.2.2　第二代港口

第二代港口是指 20 世纪 50 ~ 80 年代的港口。这一代港口除具有第一代港口的功能以外，增加了运输装卸和为工商业服务的场所的功能。其特征是：除了直接为客户提供货运、装卸服务以外，同时还提供工商业方面的相关服务；能以比较广阔的视野来考虑港口政策与发展战略，并采用比较先进的管理理念与管理方法；在港区范围内增加工业及服务设施；在运输和贸易之间形成伙伴关系，让货方尤其是大的货主在港区内建立货物处理设施；与当地有关方面建立比较密切的联系。

3.1.2.3 第三代港口

第三代港口是 20 世纪 80～90 年代成为贸易和物流中心的港口。这一代港口除具有第一代、第二代港口的功能以外，更加强与所在城市以及用户之间的联系，使港口的服务超出以往的界限，增添运输、贸易的信息服务与货物的配送等综合服务，港口成为物流中心。

第三代港口的基本功能和特点如下：

第一，第三代港口是国际海陆间物流通道的重要枢纽和节点。第三代港口的功能已实现了从单一货运生产到综合物流汇集，从传统货流到货流、商流、金融流、技术流、信息流全面大流通，运输方式也从车船换装到联合运输、联合经营，从传统装卸工艺到以国际集装箱门到门多式联运为主要特征的现代运输方式的转变，从一般的水陆交通枢纽到现代综合物流运输网络体系中的重要节点，它成为国际跨国集团在一定地域内的物流配送、运输、存储、包装、装卸、流通加工、分拨、物流信息处理等全方位及综合服务中心，成为连接世界生产与消费的中心环节，成为网络经济时代虚拟经济中的信息流、资金流与现实经济中的物流的交汇点。

第二，第三代港口作为高附加值物流的中转节点，它以集装箱的多式联运为基础，日益成为区域乃至国际性的商务中心，为用户提供方便的运输、商务、保险、金融、信息服务。

第三，第三代港口发展成为区域性的信息中心。作为物流中心必然带来大量与物流有关的生产和消费的信息，批发商、零售商、货主、货运代理、船东、陆上运输公司、海关、商检等机构相互联通。

第四，综合物流体系是以集装箱运输为基础的，在其形成和发展的过程中形成了枢纽节点与支线节点相分离的运输空间网络体系。第三代港口不仅是一个交通中心，也是一个区域的经济、商业、金融、信息等中心，各个国家和地区都希望把自己的港口建设成为世界的集装箱枢纽港。

3.1.2.4 第四代港口

第四代港口在兼容第三代港口功能的基础上，作为供应链中的一个环节，强调港口之间互动以及港口与相关物流活动之间的互动，满足运输市场对港口差异化服务的需求，提供精细的作业和敏捷的服务，以形成柔性港口，促使与港口相关的供应链各环节之间的无缝链接。

第四代港口在功能上具有以下特征：

第一，兼容第三代港口的功能。第四代港口功能的提升是在原有功能基础上的拓展，它不是取消原有功能，而是在新的水平上重新整合这些功能。与第一代、第二代、第三代港口不同，第四代港口已从强调自己是一个"中心"，转变为更强调是供应链中的一个环节。这种转变的本质在于，港口从"以我为中心"的角度转变，开始更关注于自己在供应链中的角色。"中心"往往会造成物流在此集聚，并由此将物流在此暂时滞留看作是一种合理现象。而视港口为供应链中的一个环节，则强调实物体和信息必须在此快速地流过。

第二，港口服务差异化。港口的差异化服务对当今的港口发展提出了严峻的挑战。标准化和规模化对港口作业提供了很大的便利，降低了港口的生产成本，但同时也会增加整个物流的中间环节，延长货物的在途时间，减少了顾客的选择余地。而港口的差异化服务则要求港口能够满足客户提出的各种要求，以及应对市场需求的瞬息万变。港口物流向柔性和个性化方向发展，能够制造出满足客户所需要的不同产品或服务。利用自身的 IT 技术开发了虚拟仓库系统，帮助客户减少仓储费用，提升客户供应链效率。港口的柔性化就是要根据用户（货主和承运人）的需要，能及时有效地处理多货种、小批量、多票数、短周期的综合物流活动。

第三，港口生产精细化。港口生产精细化是反映港口作业质量的一个概念，它与运输精细化相一致。港口生产精细化要通过流程优化来实现，即减少货物的在途时间、减少或消除不增值活动所消耗的成本、增加市场份额、缩短切换到新服务的时间、提高生产效率和增加港口收益等。

第四，港口反应敏捷化。港口敏捷化是反映港口对市场响应能力的一个概念。即港口应能够对市场需求做出敏捷的快速反应，以满足客户提出的各种差异化需求，甚至这些需求可能是个性化的。敏捷化是第四代港口发展的高级阶段，它是在精细化的基础上逐步形成的港口运营模式；敏捷化要求对港口而言非常苛刻，但它又是非常具有竞争性的港口能力。

第五，纵向整合、横向互动。从整体上看，第四代港口呈现出纵向整合、横向互动的特征。纵向上，港口与供应链上下游，如腹地工业、货代、海关、物流公司、经销商、银行等形成以港口码头为中心的有机整体，统一调配资源，使供应链各环节之间无缝链接，能够提供更加精细的作业和敏捷的服务，使港口运输服务更加丰满和有效，满足运输市场对港口差异化服务的需求。横向上，港口不再作为一个孤立的运输关口独立运营，而是与全国乃至世界各地的港口形成战略同盟，联合经营，共同发展，这样可以在更大的范围内调配资源，提高运输效率，顺应经济一体化的要求。

第四代港口以城市为主体，以自由贸易为依托，成为主动策划、组织和参与国际经贸活动的前方调度总站、产业集聚基地和综合服务平台。美国洛杉矶和长滩的组合港以及丹麦哥本哈根和瑞典马尔摩的组合港是第四代港口，不同地区港口的整合和联营使港口发展进入一个新的阶段。

第四代港口的典型代表是新加坡国际港务集团（PSA）和迪拜环球港务集团（DP World）。PSA 现拥有 37 个集装箱泊位，118 台集装箱岸桥，306 台轮胎式场桥，33 台轨道式场桥和 46 台桥梁式场桥。新加坡港拥有大量现代化的基础设施，岸线长约 10.3 公里，港口最大水深 15 米。新加坡港务集团已在 16 个国家的 28 个港口项目中投资控股，2018 年该集团营业收入为 40.9 亿新加坡元（约合 204.5 亿元人民币）。2018 年新加坡港集装箱吞吐量 3660 万标准箱，同比增长 8.7%；货物吞吐量约 6.3 亿吨，与 2017 年持平；船舶抵港吨位 27.9 亿吨，接近 2017 年的 28 亿吨；船舶燃料年销售量约 4980 万吨，略少于 2017 年的 5060 万吨。新加坡港以股权组合的主要港口联盟见表 3-1。

表 3-1 新加坡港以股权组合的主要港口联盟

地　区	港　口
东南亚	新加坡港、林查班港（泰国），头顿港（越南）
北欧	安特卫普港、泽布吕赫港（比利时），鹿特丹港（荷兰），大雅茅斯港（英国），锡尼什港（葡萄牙）

地区	港口
美洲	新加坡港务集团、巴拿马国际码头（巴拿马），布宜诺斯艾利斯港（阿根廷）
东北亚	大连港、天津港、香港港、广州集装箱码头、福州集装箱码头、东莞集装箱码头（中国），仁川港、釜山港，北九州港
地中海、中东、南亚地区	坎德拉港、加尔各答港、哈慈拉港、金奈港、杜蒂格林港（印度），威尼斯港、热那亚沃尔特里港，梅尔辛港，瓜达尔港

迪拜环球港务集团则参与 31 个国家的 49 个港口项目，是最年轻、成长最快的港口联盟之一，迪拜港以股权组合的主要港口联盟见表 3 - 2。

表 3 - 2 迪拜港以股权组合的主要港口联盟

地 区	港 口
中东、南亚	杰贝阿里（迪拜），罗塞塔港（迪拜），吉达（沙特阿拉伯），维萨卡港（印度）
东非/红海	考赛多港（多米尼加共和国），卡贝略港（委内瑞拉）
欧洲	康斯坦萨（罗马尼亚），格尔默斯海姆（德国）
中国大陆	盐田、香港、天津、青岛
澳大利亚	阿德莱德

3.1.3 各代港口功能的归纳比较

各代港口由于时代、经济、政治环境的不同，都有各自的局限性，这是不可避免的。根据《港口服务销售和第三代港口的挑战》中对现有各代港口的释义，可以发现它们的区别如下：

第一，各代港口的功能在不断递进，服务对象和内容不断增多。如 20 世纪 60 年代的第一代港口只具有一般货物流、客流运输方式的换装单一功能；20 世纪 60 年代后的第二代港口，开始具有部分流通功能（含客流、资金流、信息流、技术流等）、相关产业功能（主要是临港工商产业）和城市社区功能；在此基础上，到 20 世纪 80 年代后开始出现第三代港口，功能再次扩展，

21世纪出现的第四代港口具有世界全程运输服务中心和国际商贸后勤基地功能。

第二，各代港口发展的战略重点各有差异。第一代港口主要面向战后经济的恢复，第二代港口面向工业，第三代港口面向商业，第四代港口强调港航合资及港际间策略联盟。这些不同的战略重点必将给国际经贸及港航运输物流系统带来极为深刻的影响。

第三，各代港口发展空间不断延伸，发展的决定因素也各不相同。其服务方式由第一代单项服务港到港、第二代部分联运点到点到第三代的多式联运门到门。其辐射能力、地位作用由一般的水陆交通枢纽和一般城市的依托港（第一代），发展到重要城市依托港、水陆交通枢纽与传统运输方式物流的分运中心（第二代），乃至成为区域能源保障中转枢纽港及综合物流分运、分拨、配销、信息等综合服务中心，集装箱运输干线基本港和国际深水中转枢纽港（第三代）。第四代港口突出全球网络，在不同国际间的航港业结盟。各代港口发展的决定性因素则由资源与劳动（第一代）、资源与资本（第二代）到技术与信息（第三代），第四代港口的决定因素是管理。

港口代际的演进如图3－3所示。

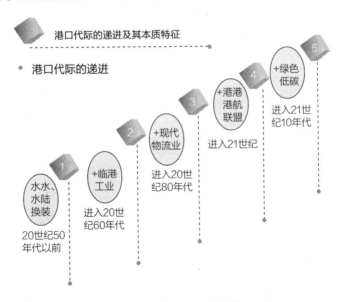

图3－3　港口代际的演进

　　联合国秘书处联合国贸易和发展会议（1999）也曾对港口功能、发展策略提出不同世代港口的分类，见表 3 - 3。

表 3 - 3　港口功能演进及差异

	第一代港口	第二代港口	第三代港口	第四代港口
发展时期	1960 年以前	1960 年以后	1980 年以后	2000 年以后
主要货物	大宗货	大宗散、杂货	大宗及单位包装货	货柜
港口发展策略	保守的海陆运输模式的转换点	扩张的运输、工业和商业的中心	商业、整合性运输及物流中心	港航合资及港际间策略联盟
作业活动范围	（1）船/岸边的货物转换接口	（1）+（2）货物改装和当地产业活动	（1）+（2）+货物和资讯合作配送，潜在的全面物流	（1）+（2）+（3）+不同国际间的航港业结盟
组织特性	独立活动非正式关系	港口和使用者紧密，港口区域外的活动松散	港市活动很少，不同运输联合及港市整合性关系	地主港方式民营化作业
生产特性	货物流通低附加价值	货物流通与改包装，共同性服务增加附加价值	货物/信息流通，配送等多重服务，高附加价值	枢纽港和转运港，结合整合性物流
成功决定因素	劳力/资本	资本	技术/专门知识	地主港功能决策和规划管制及监理推广功能港口训练

资料来源：Alan E. Branch，"Maritime Economics"，1998，p. 101，UNCTAD（1999）

3.2　世界港口发展趋势

3.2.1　国际港口向第四代港口推进的趋势

　　随着国际多式联运的发展与综合运输链复杂性的增加，现代港口正朝全方位的增值服务的方向发展，成为商品流、资金流、技术流、信息流与人才流汇聚的中心。第一代港口主要功能是装卸和仓储；第二代港口主要功能是提供分拨、配送等增值业务；第三代港口主要功能是为客户提供全方位、高附加值的物流服务。港口在发展现代物流方面具有独特的优势，这是因为港口是水路运输的枢纽，具有整合生产要素的功能，可促进多式联运的发展，还是主要的信息平台。第四代港口的主要功能将是在商业、综合物流枢纽、全程运输服务中心和国际商贸后勤基地的基础上，向海洋生态经济后勤服务基地推进。

3.2.2　港口规模大型化

随着超过 5000TEU、吃水 14 米以上的第五代、第六代集装箱船陆续投入运营，世界航贸界的主型船舶继续向大型化和超大型化发展。这一趋势必然使世界上一些主要的国际枢纽港的建设向深水化方向发展。港口规模大型化是由港口生产规模经济性质所决定的，各国港口纷纷采取措施以扩大规模来降低成本，提高经济效益。目前世界上已有许多港口采取合并、联盟等措施扩大规模，这是世界班轮公司联盟与合并发展连锁反应的必然结果。

3.2.3　泊位、航道深水化和码头外移的趋势

船舶大型化的趋势使码头泊位为适应这一需求发生着深刻的变化，泊位和航道水深一般需要超过 15 米，码头地理位置要求海岸条件良好。为减少开挖土方量和工程投资，又能获得足够的水深和宽敞的航道、水域、锚地和港池，新建码头多为离岸栈桥形式，这样可节省投资，施工期短，早投产，早收益。码头外移趋势是为了满足国际船舶大型化的需要，减少船舶进出航道的时间，减少航道疏浚量，多选择在远离市区的位置。

3.2.4　码头专业化和装卸设备大型化的趋势

船舶大型化对码头生产规模提出了新的要求，泊位、堆场等生产设施必然相应扩大。为了发挥铁路集疏运的作用，在港区码头还需要布置铁路作业线和停车线，也要求港区面积扩大。现代高科技在港口生产中具体表现为港

口装卸工艺的合理化、港口装卸机械化系统的电气化，自动化以及管理手段的现代化。

3.2.5 港口信息化、网络化的发展趋势

由于海上运输业本身所具有的强烈国际性，港口信息网络化无疑是提高服务效率的重要手段，更好地促进各大港口之间的交流与合作。现代港口是一个重要的信息中心，汇集了大量的货源信息、技术信息、服务信息。世界各大港口都十分重视信息化建设，纷纷从以主要依赖硬件设施投入，向以信息化为引擎的综合软实力提升转变。比如，荷兰鹿特丹港的港口信息网、德国汉堡港的信息中心、新加坡的国际航运中心信息平台，以及国内青岛港的自动化码头信息系统、上海港的全自动化集装箱码头，都是利用信息化技术提升港口综合效益的典范。

3.2.6 港口竞争激烈

随着国际贸易的迅速发展，航运竞争日趋激烈，船舶大型化、高速化和集装箱化成为不可改变的趋势，港口之间竞相发展物流中心，使得港口之间的竞争日益激烈。港口面临的竞争不仅来自临近港口，还来自具有区域战略地位的国外港口。当今港口的竞争已从传统的腹地货源的竞争，转向以现代物流为特征、以吸引船公司和发展多式联运为重点、以信息服务和全程服务为主要手段的综合竞争，其核心是从货源转向物流。由于腹地内高速公路、铁路和内河航道运输网络的建设，传统的腹地概念已经被打破，物资的流动性、迁移性和蔓延性得到强化。同一区域内或邻近区域内的主要港口对货主和船公司来说已不存在距离上的优劣，而主要看各港口的服务水平。

3.2.7 港口物流在国际物流链中居于中心地位

港口在现代物流发展中，有着诸多独特优势，在综合物流服务链中处于特殊的地位。港口物流中心具有不可替代的经济运输功能：港口是水陆运输的枢纽，又是水运货物的集散地、远洋运输的起点和终点。港口以其独特的

"大进大出"的集疏运能力和较好的物流网络基础，成为现代物流业的主导和重点。国际贸易中货运量的90%以上靠海运完成，因而港口在整个运输链中总是最大量货物的集结点。港口是水陆两种运输方式衔接的唯一节点，港口的建设和服务水平是整个物流链能否顺畅运转的关键。

3.2.8　以规模化发展集装箱业务为主的港口国际化

世界经济一体化和贸易自由化的进程加快，使物流的内涵正在逐渐扩大，物流的外延正在加快形成国际物流。集装箱运输是一种反映时代特点的现代化、集约化运输方式，具有装卸快速、方便、安全、经济以及陆海空运输皆宜的优点。随着国际集装箱多式联运的开展，件杂货运输的集装箱化程度越来越高。据世界航运公会（World Shipping Council）公布的统计数据，依照集装箱吞吐量计算，世界上十大集装箱港口都在亚洲国家。中国集装箱发展迅速，其中国占世界十大集装箱港口中的7个，成为枢纽港。

世界经济一体化和贸易自由化的进程加快，使物流的内涵正在逐渐扩大，物流的外延正在加快形成国际物流。整合港口物流资源，降低物流成本，提高港口物流竞争力。运用行业整体优势、高效低成本运作为客户提供柔性化生产、标准化作业流程、一流的管理与信息手段的多元化服务，帮助客户实现规模化和集约化生产。

3.2.9　港口绿色化

绿色物流又称环保物流，是21世纪物流发展的新趋势，是企业参与国际竞争的客观要求。它是指为了达到客户满意，连接绿色供给主体和绿色需求主体，克服空间和世界阻碍的快速有效的绿色商品和服务流动的经济管理活动过程，与环境共生型的物流管理系统。港口绿色化就是既能满足环境要求又能获得良好经济效益的可持续发展，要求港口在满足腹地经济贸易发展需要的同时，尽量减少港口建设和运作对环境和生态的影响，降低资源和能源的消耗，缓解对气候变化的影响。绿色生态港口的建设是以绿色理念为指导，试图在港口发展进程中寻求一个环境影响和经济利益间的平衡点，将和谐相处的生态环境理念渗透到港区各项相关工作中去，最大限度地减少港区对所处区域环境的负面影响，实现港口及其腹地以"自然—经济—社会"的可持续模式不断发展，从而达到建设低能耗、低污染、高效率新型港口的目标。绿色港口发展已成为当前世界各国发展绿色经济的重要窗口、建设绿色循环低碳交通运输体系的重要内容和推动港口可持续发展的重要方向，具有十分重要的战略意义和现实意义。

3.3 中国港口转型升级的方向

3.3.1 第五代港口

世界港口发展至今大体经历了四代。第一代港口主要是海运货物的装卸、仓储中心；第二代港口中，除了货物的装卸、仓储外，还增加了工业、商业活动，使港口成为具有使货物增值效应的服务中心；第三代港口适应国际经济、贸易、航运和物流发展的要求，得益于港航信息技术的发展，使港口逐步走向国际物流中心。当前，世界主要港口中，第二代港口已开始向第三代港口转型，上海、宁波、香港、新加坡、鹿特丹等港口在转型中走在前列。目前中国大部分的港口都处于第三代的发展水平，众多国内港口以第四代港口为发展目标，有些港口已经超越第四代港口水平，今后港口朝第五代港口迈进。

2009年，笔者主持第八次中国物流学术年会"港口物流与供应链发展趋势专题分论坛"，西安浐河经济开发区管理委员会专家席平从港口战略发展的角度提出了第五代港口概念——联营合作子母港。即以大型海港为母港（中转港），以国际陆港、支线港和设在内陆的港区为子港，形成母港与各子港联合经营、合作发展、共生共荣的子母港群。以网状的形式在间接经济腹地和直接经济腹地拓展业务，培育内陆地区外贸货源，为内陆地区提供和海港一样的港口服务，促进内陆城市建立国际陆港、发展临港产业区，带动内陆地区外向型经济良好发展。使大型海港突破只在海边转圈发展的模式，树立深入内陆经济腹地、在内陆经济中心城市建立"港口连锁店"的创新思路。第五代港口应该以2007年作为起始点，2007年7月19日，天津市政府召开"推进区域口岸合作座谈会"，大会上天津市与北方12省市的负责人共同签署了《建设内陆无水港合作意向书》《跨区域口岸合作天津议定书》《北方地区大通关建设协作备忘录》。会议的核心内容与文件的签署，明显体现了第五代港口——联营合作子母港的基本概念和发展理念。

笔者认为，第五代港口还没有正式的概念，主要是指 2010 年左右到未来的港口。第五代港口就是绿色、智慧、集群化发展的港口，第五代港口具有绿色化、智慧化、集群化特点，朝着国际化、枢纽港方向发展，促进港口产业高质量发展，主导国际分工，占据全球产业价值链顶端。以新技术革命、新经济及可持续发展为背景，第五代港口功能在兼容前四代港口功能的同时，着眼于港城一体化为基础的港口生态圈，侧重于港口的生态功能和港口的可持续发展，主要功能是集装箱多式联运为基础的供应链，未来港口的发展方向将是由粗放式发展向集约式发展转型，由高耗资源扩张型向低碳环保发展，由功能单一型向综合物流供应链发展。

第五代港口的提出对世界港口的发展具有重要意义。这主要表现在：一是从世界港口发展阶段来看，这标志着宣布世界港口的发展进入了一个新的阶段，进入了第五代。二是从理论上，要求港口理论基于第五代港口的新发展。三是从实践意义来看，第五代港口的提出意味着世界港口的战略规划、设计、运营都将发生深刻变化。港口代际的本质特征见表 3－4。

表 3－4　港口代际的本质特征

港口代际	经济社会背景	最主要功能	特征	港口类型
第一代港口	世界性经济和贸易初步发展	货物装卸、仓储	水水、水陆换装	腹地型港口
第二代港口	规模化工业开始形成	服务于临港工业	原材料及产品的无缝直接进出海通道	大型专业化货主码头
第三代港口	现代物流业迅速发展，信息技术广泛应用	与物流为主的现代物流业结合	现代物流等服务业	区域服务型港口
第四代港口	集装箱运输网络形成，物流链整体进入竞争	以全球主航道为主的干线班轮化运输	具有上下游业务关系的港航或港际联盟	非属地或连锁型码头
第五代港口	新技术革命、新经济及可持续发展	以集装箱多式联运为基础的全球供应链	绿色、智慧、集群	港口集群

3.3.2 中国港口转型升级的方向

习近平总书记明确指出"经济强国必定是海洋强国、航运强国",对港口发展也相继发出"一流的设施、一流的技术、一流的管理、一流的服务""建设好、管理好、发展好"和"勇创世界一流港口"的重要指示,要求港口进一步提升服务保障能力,进一步加快高质量发展,转型升级、提质增效。

2014 年 6 月 3 日,交通运输部公布了《交通运输部关于推进港口转型升级的指导意见》指出:中国港口在服务功能、服务质量、节能环保等方面还存在差距和不足,需要加快转型升级。港口转型:提高资源节约、环境友好水平,朝智慧型港口、绿色化港口发展;港口升级:拓展服务功能、质量、网络,实现港口国际化、枢纽化、圈层化、集群化发展。

我们要在航运强国思想引领下沿海港口朝着"勇创世界一流港口"方向继续推动高质量发展。在此背景下,中国港口转型升级要朝以下方向努力:

3.3.2.1 智慧港口

智慧港口是港口发展新理念和科技催生的新概念,智慧港口通过高新技术的创新应用,使物流供给方和需求方共同融入集疏运一体化系统,极大提升港口及其相关物流园区对信息的综合处理能力和对相关资源的优化配置能力;智能监管、智能服务、自动装卸成为其主要呈现形式,并能为现代物流业提供高安全、高效率和高品质服务的一类新型港口。加快港口信息化、智能化建设,研发推广港口能源管理信息系统、集装箱码头集卡全场智能调控系统、港口物流信息系统等,推广应用物联网、5G 等技术,加快建设智慧港口。以智慧港口实现港口创新与突破,是转型升级的重要抓手,也是综合软实力的重要标志。

"一带一路"倡议的实施不仅会带来港口货运量的增加,更会为港口的运营管理能力提出更高要求。而智慧化港口建设将会弥补传统港口管理的不足,从而帮助港口提升运营能力、货运调度能力和通关监管效率,使港口从容面对巨大的货运增加量。智慧港口见图 3-4。

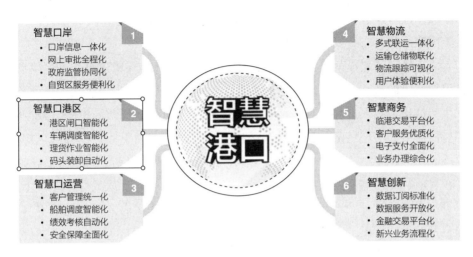

图3-4 智慧港口

智慧港口加大高科技在港口物流中的应用力度，使港口物流从传统的劳动密集型向技术密集型转变，逐步实现"传统港"向"智能港"的转变，实现物流运作方式的现代化，物流工艺合理化，物流设备自动化、电气化，全面提升港口物流的竞争力。在福建厦门远海码头14号泊位，"泽春"轮的集装箱装载作业有序进行。然而，码头上却不见人影，电脑控制的桥吊、拖车24小时运行，自动化岸桥自己抓箱、放箱，来回装载集装箱的车子自己跑，这是中国首个拥有完全自主知识产权的全自动化码头厦门海沧远海全自动化集装箱码头的无人作业场景。所有的集装箱装卸作业和堆存、翻箱作业等，均由机器自动完成，真正做到了全自动化。2017年，青岛港全自动化集装箱码头、上海洋山四期全自动化集装箱码头分别投入运营，其中上海洋山四期自动化集装箱码头是中国最大的拥有自主知识产权的自动化码头。

3.3.2.2 绿色港口

党中央、国务院就建设资源节约型和环境友好型社会，发展绿色经济、循环经济、低碳经济等做出了一系列重大决策部署。交通运输是国民经济和社会发展的基础性事业、先导性产业和服务性行业，同时又是资源密集、环境影响较大的行业之一，是国家建设生态文明、发展绿色循环低碳经济的重点领域。港口作为交通运输网络的重要节点,是国家对外开放的重要门户,对于国家形象具有重要影响。

绿色港口的建设的目的所在就是要实现港口经济与环境建设的协调发展,在保护环境的基础上推进港口经济的建设与发展,从而获得最大化经济效益,在生产过程中必须以环境保护为前提,最大限度地减少资源的浪费,减少对环境的污染,实现经济与环境的和谐发展,这样更有利于社会经济的可持续发展。

目前,厦门港已经被列入了国家首批增量配电业务改革试点,港口企业取得配电资质,可到电厂直接购电,大幅降低试点范围内港区用电成本。在绿色发展上,盐田港坚持建设绿色低碳大港,2019 年 6 月 17 日在《亚洲货运资讯》主办的亚洲货运、物流及供应链大奖颁奖典礼上,盐田国际集装箱码头荣获"最佳绿色集装箱码头"大奖。盐田国际现共有 6 套岸基船舶供电系统,覆盖 16 个泊位,覆盖率达 80%,是中国沿海港口具备岸电供电能力最大、泊位数量最多的集装箱码头,可满足全球最大型集装箱船舶的用电需求。盐田国际也是国内首先大规模推广"龙门吊油改电"项目的港口,也是投入使用电力驱动轮胎吊最多的港口之一。目前盐田国际拥有 241 台龙门吊,其中 207 台电力驱动,34 台为混合动力,其中混合动力龙门吊平均每台可降低油耗 30% ~ 50%,减少废气排放 50% 以上。

在绿色港口建设方面,要在深入贯彻绿色发展理念、优化能源消费结构、节约和循环利用资源、加强港区污染防治、推进港口生态修复和景观建设、创新绿色运输组织方式、提升港口节能环保管理能力等方面统筹推进,加快构建绿色循环低碳港口。对于中国港口而言,宁波—舟山港、上海港、深圳港等在港口吞吐量、集装箱吞吐量上已经进入了世界港口的前列,但是,由于中国港口在污染方面相对美国、欧洲、日本、澳洲一些发达国家港口更严重,所以中国港口向第五代港口转型升级更具有紧迫性和现实性。

3.3.2.3 港口国际化及枢纽化

集装箱运输的迅猛发展,打破了原来相对狭小的港口与腹地进行经济联系的格局,使得世界各地的港口越来越处于同一个国际化的网络中运作。20世纪 90 年代以来,港口腹地进一步向周边扩大,小港成为大港的腹地,在内陆也出现了为集装箱运输服务的"无水港",这就使港口与腹地关系所涉及的范围必须从更大的空间结构中去考察。港口功能的扩展使其在国际贸易和地区经济发展中发挥巨大的作用,同时,港口功能的实现也需要以强大的港口城市功能及港口腹地经济的发展为支持和依托。现代港口已从一般基础产业发展到多元功能产业,从单一陆向腹地发展到向周边共同腹地扩展,并且向社会经济各系统进行全方位辐射,从城市社区发展到港城经济一体化,从国家的区域经济中心发展到世界区域经济中心,这一系列过程,说明港口的战略区位中心作用在日益突出。

3.3.2.4 港口群的合作与竞争

未来的港口应该是一个便捷、安全、智能、开放、共享的智慧港口生态圈。智慧港口生态圈应该是一个港群的概念,它是开放协同的港口生态,以港口为中心、以港口城市为载体、以综合运输体系为动脉、以港口相关产业为支撑、以海陆腹地为依托,进而推动区域开放型经济繁荣发展(见图3-5)。

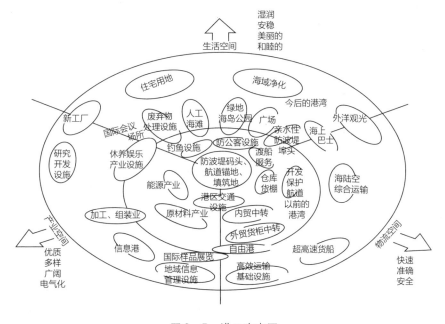

图3-5 港口生态圈

在港口竞争的新格局下，考虑采用港口集群化的发展方式，港口群之间注重合作，广泛地开展合作与联盟。做好协同，包括计划调度、组织货源。港口从事物流服务是一个庞大的系统工程，采取合作化的战略联盟方式，加强与港口腹地及国内外港口的合作与联动，建立港口物流战略联盟，提升其市场份额和竞争力。围绕物流的特定服务，在生产企业建立起许多物流联盟，它们以提供有效的作业系统、把买方和卖方联系起来为目的。联盟范围日益广泛，超越了传统业务范围，并扩展到国家政府组织之间的作业领域，并深度运用信息技术来推进港口的智能化，打造智慧港口，把物流、信息流、资金流有效整合起来；要让港口产业化，在整个产业链中，要超越物流产业发展本身，以港口为依托，发展与物流业相适合的一些制造业、服务业，实现港城融合，真正形成港口经济；还要积极服务于"一带一路"倡议，结合自身特点，主动对接国家发展战略。

4 面向 "一带一路" 的中国港口智慧化

码头自动化、智能化装备水平不断提升，港口正由劳动密集型产业向技术密集型产业转型。港口的数字化、智能化转型，本质上是新一代信息技术驱动下，港口生产作业、管理模式和商业模式的一次深度变革和重构。未来的港口应该是一个便捷、安全、智能、开放、共享的智慧港口生态圈。

4.1 智慧港口

4.1.1 智慧港口的概念和特征

智慧港口是信息技术高度集成、信息应用深度整合的网络化、信息化和智能化港口。智慧港口是以信息物理系统为结构框架，通过物联网、传感网、云计算等高新技术的创新应用，使物流供给方和需求方共同融入集疏运一体化系统，极大提升港口及其相关物流园区对信息的综合处理能力和对相关资源的优化配置能力，智能监管、智能服务、自动装卸成为其主要呈现形式，并能为现代物流业提供高安全、高效率和高品质服务的一类新型港口。智慧港口是信息化向更高阶段发展的表现，具有更强的集中智慧发现问题、解决问题的能力，因而具有更强的创新发展能力。智慧港口是以智慧技术、智慧产业、智慧人文、智慧服务、智慧管理、智慧生活等为重要内容的港口发展的新模式。

智慧港口包含了由货主、海上运输服务代理公司、公路运输、铁路运输、物流园区、金融机构等相关国内外贸易、物流参与方的相互之间的智能商务交往，还有海关、检验检疫、税收、海事局、边防等政府部门的智能监管，以及船公司、码头等物流企业的智能化管理和相关物流企业的自主装卸作业等。智慧港口是港口发展新理念和科技催生的新概念，智慧港口利用新一代信息技术，将港口相关业务和管理创新深度融合，使港口更加集约、高效、便捷、安全、绿色，实现港口科学可持续发展。智慧港口示例如图4-1所示。

智慧港口充分借助物联网、传感网、云计算（见图4-1）、决策分析优化等智慧技术手段进行透彻感知、广泛连接、深度计算港口供应链的关键信息，实现港口供应链上的各种资源和各个参与方之间无缝链接与协调联动，从而对港口管理运作做出智慧响应，形成信息化、智能化、最优化的现代港口。

图4-1 云计算

智慧港口和传统港口的最主要区别是：智能港口通过高新技术的应用，使智能政务、智能商务、智能管理与自主装卸成为其主要呈现形式，通过引导参与方的共同融入，使港口具备广泛联系与互动、透彻感知、持续创新、自主进化的生态特征。具体来说，智慧港口区别于传统港口的典型特征如下：

4.1.1.1 全面感知

全面感知是所有深层次智能化应用的基础，智能监测的结果是现场数据的全面数字化。包括现场物联网、远程传输网络以及数据集成管理（筛选、质量控制、标准化和数据整合）。

4.1.1.2 智能决策

在基础决策信息感知收集的基础上，明确决策目标及约束条件，对复杂计划、调度等问题快速做出有效决策。

4.1.1.3　自主装卸

在智能决策基础上，设备自主识别确定装卸对象、作业目标，并安全、高效、自动完成作业任务。自动化码头见图4-2。

图4-2　自动化码头

4.1.1.4　互联互动

互联互动是通过云计算、移动互联网技术的应用，使港口相关方可以随时随地利用多种终端设备，全面融入统一云平台。通过广泛联系、深入交互，使港口综合信息平台能最大限度优化整合多方需求与供给，使各方需求得到即时响应。

4.1.1.5　深入协同

协同指协调两个或者两个以上的不同资源或者个体，协同一致地完成某一目标的过程或能力。在港口领域，包括港口内部各单元间的协同及港口外部各单元间的协同。针对港口内部，主要有 AGV 与堆场、AGV 与岸桥、AGV 之间的协同；等等。而针对港口外部，包括车、船、货之间的协同，也包括车与路、车与码头、船与码头之间的协同。

4.1.2 智慧港口的功能构成

智慧港口系统是将先进的信息技术和自动化技术包括 GPS、GIS、RFID、实时监控系统（AIS）、自动化装卸系统、物流搬运机器人（AGV）、智能监控技术、智能运输系统（ITS）通过网络的连接应用到整个港口物流作业、运输服务及港口管理中，在信息全面感知和互联的基础上，实现港口集疏运体系、生产操作、仓库管理、物流跟踪、海关监管等方面的智能化，实现车（汽车、火车等）船（货船、客船等）人（港口职员、船客等）物（货物、港口设施等）与港口各功能系统之间无缝链接与协同联动的智能自感知、自适应、自优化，最终使港口形成安全、高效、便捷、绿色可持续发展的形态。智慧港口的总体框架包括用户层、展示层、应用层、数据资源层、基础支撑层（见图4-3）。

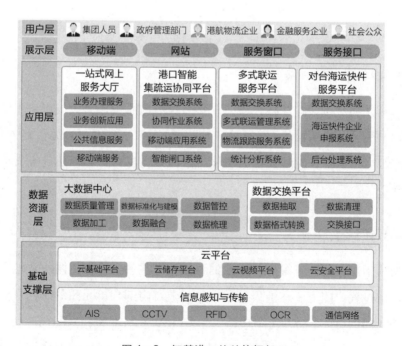

图4-3 智慧港口的总体框架

智慧港口服务需求的主体是客户,按照实现"高效率、高安全性、高品质服务"的新一代智慧港口运输模式要求,智慧港口系统必须最大限度地为客户提供港口物流信息服务。

比如码头作业应用平台要求实现码头作业区内的船舶跟踪、航道引航、商务受理、任务调度、货物装卸、车辆监控、称重理货、无线理货、箱务管理、作业监控、泊位管理等工作的电子化和自动化运行,实现码头作业的统一调度、统一监控和统一管理。按照港区码头建设规划,平台应包括干货码头生产运营系统、液体码头生产运营系统、散货码头生产运营系统、件杂货码头生产运营系统、通用码头生产运营系统、集装箱码头生产运营系统、航道管理系统、船舶跟踪系统、锚地管理系统、港池管理系统等内容。

智慧港口功能构成如图4-4所示。

智慧型干散货码头示例如图4-5所示。

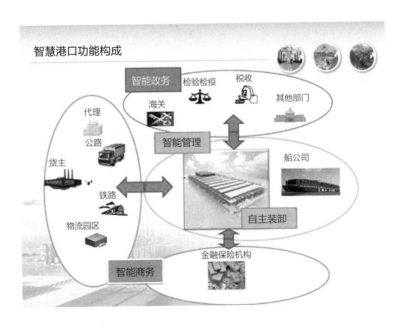

图4-4 智慧港口功能构成

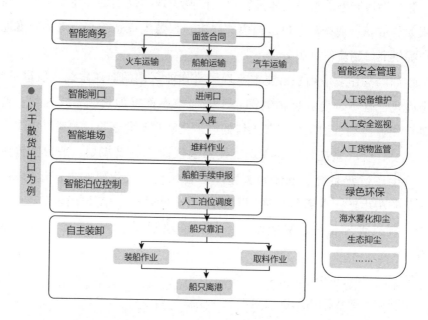

图4-5　智慧型干散货码头示例

4.1.3　中国智慧港口建设进展

当前环渤海、长三角以及珠三角地区重点港口陆续开始进行智慧港口建设，武汉港、宜昌港等中部沿江港口也开始寻求智慧化战略提升。中国智慧港口建设呈现东部沿海全面铺开，并向中部沿江港口延伸的布局特点。

当前港口智慧运营的环境已经见到成效，信息系统的体系也已经基本搭建完成，智慧港口的建设及管理是今后港口发展的必然趋势。港口完全可以利用互联网技术和大数据的思维实现港口的智能化、自动化和无人化，实现转型升级和企业提质增效。目前，区块链、5G等新一代信息技术已经在中国港口得到应用，中国甚至可以在智慧化港口上超过欧美等国家。

交通运输部公布的第一批智慧港口示范工程项目总共有13个，分布在10个省（市、自治区）（见表4-1）。

表 4-1　交通运输部公布的第一批智慧港口示范工程项目

省份	示范工程项目（13 个）
辽宁省	大连港"壹港通"智慧物流跨界服务大平台
河北省	京津冀协同下的"一键通"大宗干散货智慧物流 港口企业危险货物智能化安全管理
天津市	京津冀港口智慧物流协同平台
山东省	港口物流电商云服务平台
江苏省	海江河全覆盖的港口安全监管信息平台 江海联运一体化全程物流供应链港口智慧物流
上海市	基于港口网络的江海联运智慧物流
浙江省	港口企业危险货物标准化程序化智能化管理
福建省	厦门国际航运中心港口智慧物流平台 省级港口危险货物安全监管综合服务平台
广东省	互联网＋港口物流智能服务
安徽省	面向内河中小港口多式联运智慧物流平台

4.2　自动化集装箱装卸工艺方案

来自麦肯锡的报告称，现有常规港口的全部或部分转换自动化码头，可能很快就会获得动力。世界最大的 50 个港口中，至少有 25 个港口将启动改造计划，或在未来五年内增加自动化设备。

4.2.1　国外自动化集装箱装卸工艺方案

自动化集装箱码头首先出现在劳动力成本昂贵和熟练劳动力匮乏的欧洲，20 世纪 80 年代中后期，自动化技术的发展使得英国泰晤士港、日本川崎港和荷兰鹿特丹港率先规划尝试建设自动化集装箱码头，运营效果达到了预期目标。自动化集装箱码头的发展过程基本可分为以下几代：第一代以 1993 年投入运营的荷兰鹿特丹港 ECT（Europe Combined Terminals）码头为代表；第二代以 2002 年投入运营的德国汉堡港 CTA（Container Terminal Altenwerder）码头为代表；第三代以 2008 年投入运营的荷兰鹿特丹港 Euromax 码头为代表。目前中国建成的全自动集装箱码头有厦门远海自动化码头、青岛前湾自动化码头及洋山港四期自动化码头，它们是采用众多创新技术的第四代自动化集装箱码头。

4.2.1.1　荷兰鹿特丹港

1993 年投入运营的荷兰鹿特丹港 ECT Delta Sealand 码头是第一代集装箱自动化码头的典型代表，它的岸桥采用单小车布置，集装箱水平运输采用自动导引小车（Automated Guided Vehicle，AGV）并沿固定圆形路线运行（见图 4-6）。堆场每个堆区有 1 台高速无人驾驶轨道吊，堆场为 6 排箱，堆 4 层。AGV 装卸点位于岸桥门框内，AGV 不进入堆场，其装卸点位于堆场端部并垂直于泊岸。

于 2008 年投入运营的荷兰鹿特丹港 Euromax 码头代表了第三代集装箱自动化码头，它的泊岸设备为双小车岸桥，AGV 速度是 6m/s，采用柴油发电机电力驱动，作业于岸桥后伸区域（见图 4-7）。堆场区采用全自动轨道式龙门集装箱起重机 ARMG，可堆 5 过 6，跨 10 列集装箱，与第二代相比，堆场每个堆区内的轨道吊为接力式对称布置。

图 4-6　荷兰鹿特丹港 ECT 码头　　　　图 4-7　荷兰鹿特丹港 Euromax 码头

岸桥理论装卸效率为 40 标准箱/小时，上海振华重工集团是 Euromax 码头岸桥设备供应商。Euromax 码头采用德国 Dematic 公司的 Dynacore 导航软件对 AGV 进行导航和控制，并采用美国 Navis 公司的信息自动化软件对码头进行管理。堆场内每个箱区设有 1 条 AGV 通道，在相互交叉的情况下，AGV 不仅可以直行，而且可以转弯、环行，还可在轨道式龙门起重机的门腿间进行装卸作业。Euromax 码头是欧洲集装箱码头公司（Europe Container Teminals，ECT）旗下三个码头之一，隶属于和记黄埔港口集团，位于鹿特丹港以西约 30 公里处，码头岸线长 1500 米，总面积 84 万平方米，目前年集装箱吞吐量约 180 万 TEU。

Euromax 码头采用"双小车岸桥 + 自动导引车 + 自动化轨道吊"作业工艺。堆场垂直于岸线设计，每块堆场设 2 台起重能力为 40 吨的自动化轨道吊，采用全自动化作业方式，不支持双箱作业；堆场陆侧采用集卡倒车工艺方式。

鹿特丹港马斯莱可迪二号码头，该码头将创新性使用远程控制的 STS 龙门起重机，并配备 62 辆电动无人搬运车在船舶、集装箱码头、堆场、驳船和船坞铁路设施之间完成集装箱堆垛。总投资为 5 亿欧元的自动化码头具备接纳满载 3E 级船（18000TEU）的能力，已于 2015 年 4 月开始运营。

4.2.1.2 新加坡巴西班让码头

新加坡巴西班让（Pasir Panjang）自动化集装箱码头采用的是岸桥（单小车）—拖挂车—高架栈桥式自动化集装箱起重机工艺系统。拖挂车由人工驾驶，转运集装箱时位于岸桥跨距内，堆场布置与码头岸线平行。堆场设备采用了桁架式自动化场桥，这种场桥可堆高 8 个集装箱，跨 9 个集装箱。堆场内将自动化场桥与轨道龙门吊相结合，完成港口堆区的集装箱作业，实现堆场作业自动化。

自动化场桥负责处理中转箱，集卡在自动化场桥的跨下装卸集装箱（车道）；轨道龙门吊用于处理非中转箱，人工操作，集卡在轨道龙门吊的两侧装卸集装箱。自动化场桥共有 6 条作业线，每条线分为 5 个箱区，每个箱区配置两台小车，每台小车有自己的工作区域，每个操作人员可同时操作 4~5 台场桥小车。场桥小车之间装有防撞设施，当场桥小车发生故障后，可以将场桥小车从作业区域移开，进行维修而不耽误堆区内的作业。该自动化场桥工艺有以下特点：场桥代替了吊具的大车，节约能源；大大节约了人力成本，1 个堆区 8 台机，仅需 2 人操作；装卸过程简单，装卸过程优化易于实现；维修方便，不会影响堆场的作业。

4.2.1.3　德国汉堡港

德国汉堡港 CTA 集装箱码头建于 1999 年，Ⅰ期工程于 2002 年建成投产，是第二代集装箱自动化码头的代表。CTA 码头岸线长约 1400 米，共有 4 个泊位，堆存能力 3 万 TEU（20 英尺标准集装箱）；码头前沿配备 14 台超巴拿马型岸桥，可快速装卸大型集装箱船；铁路作业区有 6 条长 700m 的平行装卸作业车道，配备 4 台跨 6 条车道的轨道式龙门起重机进行装卸作业（见图 4-8）。

图 4-8　德国汉堡港 CTA 码头

CTA 集装箱码头的特点是岸桥为双小车结构，水平运输采用 AGV（在岸桥的后伸区域），以灵活路线运行；堆场每个堆区内的 2 台轨道吊为穿越式布置，堆场为 10 排箱，堆 4 层。码头的路径规划设计和设备调度采用了计算机模拟技术。AGV 利用异频雷达导航，相对于固定路线运行，其效率更高，但是调度更复杂。AGV 2009 年逐步升级为动力电池供电的电力驱动以减少排放。2 台轨道吊冗余配置，某台发生故障时对作业的影响较小，但是投资成本加大。

4.2.1.4　日本名古屋码头

日本名古屋港 Tobishima 集装箱码头是日本首个全自动集装箱码头，也是目前公认的世界上最先进的自动化集装箱码头之一。该码头共有 2 个泊位，分别于 2005 年 12 月和 2008 年 12 月投入运营。由于日本为多地震国家，其集装箱码头的结构和设备均采用强化抗震的设计工艺，以减小地震危害。

Tobishima 集装箱码头采用岸桥（单小车）—AGV—ARTG 装卸工艺，码头前沿共配备 6 台超巴拿马型岸桥。堆场区采用的全自动轮胎式龙门集装箱起重机（ARTG）为堆 4 过 5 型、下跨 6 排箱。水平运输采用 AGV，AGV 在岸桥跨距内或后大梁下停放并转运集装箱。按指令运行至堆场内时，由 ARTG 装卸集装箱，堆场布置沿码头岸线平行方向。Tobishima 集装箱码头是目前世界上唯一采用 ARTG 作为堆场设备的自动化集装箱码头。与一般的轮胎式龙门起重机相比，ARTG 具有精度高、对位准、稳定性好、自动化程度高等优点，且具备自动纠偏、光电控制、液压气缸防摇等功能。此外，该码头采用智能道口系统光学字符识别（OCR）技术和无线射频识别（FRID）技术，结合电子信息提示牌、闸道系统、道口自助终端系统等多重设施，可实现集卡车号及集装箱箱号的自动采集。

日本名古屋港 TCB 码头堆场平行于岸线布置，采用"单小车岸桥 + 自动导引车 + 自动化轮胎吊"作业工艺。岸桥和自动化轮胎吊均由日本三菱公司制造，自动导引车由日本丰田公司制造。

4.2.1.5　韩国釜山新集装箱码头

釜山新集装箱码头坐落于韩国釜山港新港港区，是亚洲第一个堆场垂直于岸线布置的自动化集装箱码头。该码头采用"单小车岸桥 + 跨运车 + 自动化轨道吊"作业工艺。岸桥和自动化轨道吊均由上海振华重工（集团）股份有限公司（以下简称振华重工）制造，跨运车由美国特雷克斯集团制造，堆垛能力为"堆一过二"，码头操作系统由美国 Navis 公司提供，码头设备控制系统由瑞士 ABB 公司开发。

4.2.1.6　西班牙巴塞罗那港巴塞南欧码头

巴塞南欧码头是从和记黄埔港口集团旗下的加泰罗利亚码头（TERCAT）分出的，总占地面积 132 万平方米，规划岸线总长 2100 米，码头前沿水深 16 ~ 18 米，设计年集装箱吞吐量 445 万 TEU。巴塞南欧码头于 2011 年开始建设，巴塞南欧码头采用"单 40 英尺岸桥 + 跨运车 + 自动化轨道吊"作业工艺。岸边船舶作业采用单 40 英尺岸桥，其起重能力 61 吨，起升高度 41 米，外伸距 66 米。

4.2.2　国内自动化集装箱码头实践

4.2.2.1　厦门港远海自动化码头

2014 年 8 月，由厦门市与中远集团、中交建集团三方投资建设号称"魔鬼码头"的厦门远海自动化码头，项目总投资 6.58 亿元。2016 年 3 月建成的厦门远海码头是国内建成的第一个全自动化码头，也是全球首个应用第四代全自动化技术的集装箱码头，将为我国已建造码头提供升级换代标准（见图 4-9）。厦门港自动化码头在设计阶段首次运用了国内具有自主知识产权的仿真系统，进行自动化集装箱码头水平运输、堆场装卸、路径优化等工作的设计、开发、统计和分析。码头采用 3 台自动化双小车岸桥、16 台自动化轨道吊、18 台自动导航运载车、8 台自动化转运平台，单桥平均效率将实现每小时运送三十七八自然箱，提升作业效率快约 20%。码头的年吞吐量可达 78 万~91 万标准箱。其特点是岸桥为双小车，水平运输采用电池动力灵活路线运行的 AGV，堆场内的轨道吊为接力式对称布置，并引入 AGV 伴侣来解决轨道吊和 AGV 的耦合问题。

图 4-9　厦门远海集装箱自动化码头

2016 年 3 月 23 日自动化码头所有流程和功能区域全面投产；2017 年 5 月 27 日成功作业最大集装船 21413TEU OOCL 香港轮；2016 年 3 月 23 日至 2017 年 7 月 23 日自动化码头作业 265 次实船，卸船平均效率达 25 个循环/小时，最高达到 48 自然箱/小时，装船平均效率 22 个循环/小时，最高达到 44 自然箱/小时，ECS 版本升级至 21.3，自动化堆场堆存率最高 91.6%。另外，增加了岸桥远程操控系统，甲板上装船按三角形和平层法合集优化增加可装船选择，水平运输全场权重调度和坐标导航优化、堆场协同翻捣和最优法接力优化、堆场发箱与船舶作业全面协同优化。

厦门港远海自动化码头的特点在于：①取消传统的由内燃机驱动的水平运输方式，将码头装卸完全置于轨道上，用电驱动实现，因而解决了噪声大、排放超标、污染环境等问题；②系统作业高效，岸桥和后方堆场轨道吊之间的水平运输车采用低架桥结合电动小车形式，节能环保，且实现了全自动化；③实现了堆场无人化作业，系统采用由 ZPMC 自主研发的中央控制室计算机控制，降低了成本，提高了安全作业水平和产能。

4.2.2.2 青岛港全自动化集装箱码头

2017 年 5 月 11 日，青岛港全自动化集装箱码头当日投入商业运营。该码头已可实现全电力、零排放、无灯光作业。与传统码头不同的是，整个码头现场"空无一人"，生产作业却有条不紊地进行着。这标志着当今世界最先进、亚洲首个真正意义上的全自动化集装箱码头在青岛港成功投产，实现了全自动化码头从概念设计到商业运营，开创了全自动化集装箱作业的新纪元。以往，桥吊司机坐在近 50 米高的控制室里，凭肉眼和手动操作将几十吨的集装箱精准平稳地摆放到船上。而今，操作人员坐在中控室里，轻点鼠标就能完成这一过程，看上去和"玩游戏"一样。

该码头和互联网、物联网、大数据平台深度融合，形成"超级大脑"，使自动化码头设计作业效率达每小时 40 以上自然箱，比传统码头提升 30%，同时节省工作人员 70%，减少操作人员 85%，成为当今世界自动化程度最高、装卸效率最快的集装箱码头。该码头位于前湾港区四期 5 ~ 10 泊位，岸线长 2088 米，纵深 784 米，前沿水深 - 20 米，年通过能力 520 万 TEU，可停靠世界最大的 20000TEU 以上的集装箱船舶，首期 2 个泊位投入运营。2018 年 12 月 31 日，青岛港自动化码头创出了平均单机效率 43.23 自然箱/小时的最新世界纪录（见图 4 - 10）。

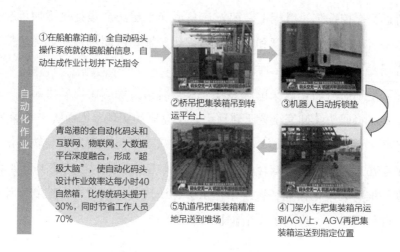

图 4-10 青岛港全自动化集装箱码头

青岛"智慧码头"的背后是科技创新的赋能。全球首次研制成功机器人自动拆装集装箱扭锁,全球首次研制成功轨道吊防风"一键锚定"装置,全球首创自动导引车循环充电技术,青岛港口就攻克了 10 多项世界性技术难题。2019 年,青岛港自动化集装箱码头完成了基于 5G 连接的自动岸桥吊车的控制操作。通过人工智能等技术,无须工作人员远程安全确认,实现了集卡防吊起自动识别和处理,这是全球首例在实际生产环境下的 5G 远程吊车操作。

4.2.2.3 上海洋山深水港四期自动化码头

上海洋山港四期自动化码头于 2017 年 12 月 10 日建成。洋山深水港区是上海国际航运中心的核心工程,四期工程是洋山深水港区一期至三期工程的续建工程。洋山四期总用地面积 223 万平方米,共建设 7 个集装箱泊位,集装箱码头岸线总长 2350 米,设计年通过能力初期为 400 万标准箱,远期为 630 万标准箱。放眼全球,规模如此之大的自动化码头一次性建成投运是史无前例的。目前已经完成调试的首批 10 台桥吊、40 台轨道吊、50 台自动导引车(AGV)将投入开港试生产,根据规划最终将配置 26 台桥吊、120 台轨道吊、130 台 AGV。

洋山港四期自动化码头将采用建设方自主开发关键的作业调度控制系统,

这也是国际上最新一代自动化集装箱装卸设备和一流的自动化生产管理控制系统，码头装卸作业采用"远程操控双小车集装箱桥吊 + 自动导引车（AGV）+ 自动操控轨道式龙门起重机（ARMG）"的生产方案，远程操控让驾驶人员可以在办公室内通过远程操作台控制桥吊和轨道吊；主要由码头装卸、水平运输、堆场装卸自动化及全自动化系统构成。建成后的港口将全面实现"智能装卸""无人码头"和"零排放"。主要装卸环节均实现了全电力驱动，提高了能源利用效率，降低了能耗，大大降低废气和噪声对环境的影响。

自动导引车让码头前沿的水平运输实现了无人化；生产管控系统让船舶和堆场计划、配载计划、生产作业路计划等全部交由系统自动生成，显著降低了码头各个环节的人力资源成本，实现了码头作业从传统劳动密集型向自动化、智能化的革命性转变，可以提供 24 小时全天候、高效、绿色、安全的服务。

首创多元化堆场作业交互模式：洋山四期的自动化堆场装卸设备采用无悬臂、单悬臂、双悬臂三种轨道吊，无悬臂箱区和带悬臂箱区间隔混合布置，丰富的设备类型带来多元的交互模式，现场作业的机动性和灵活性大大增强，目前这一模式在全球的自动化码头中是独一无二的（见图4-11）。

图4-11 上海洋山港四期自动化码头

设备自动化技术最先进：洋山港四期自动化码头采用购自上海振华重工制造的自动化装卸设备，整个装卸过程所涉及的三大机种均为中国制造。洋山四期投产的桥吊，最大载荷均为 65 吨，采用双小车 + 中转平台的设计，中转平台可以对集装箱锁钮进行全自动拆装；洋山四期的锂电池驱动自动导引车采用了当今最前沿的技术，除无人驾驶、自动导航、路径优化、主动避障外，还支持自我故障诊断、自我电量监控等功能，换电和充电同样实现了自动化；在堆场区工作的轨道吊，均采用自动堆箱技术，同一箱区内还可以在系统自动调度下进行集装箱接力作业，在箱区内部作业时完全实现了自动化运行（见图4-12）。

图4-12　2018年7月25日无人机拍摄的上海洋
山深水港四期自动化码头

自主研发且智能化程度最高：洋山港四期自动化码头采用上港集团自主研发的全自动化码头智能生产管理控制系统（TOS系统），是这个全新码头的"大脑"。

零排放的绿色码头：洋山港四期自动化码头使用的桥吊、轨道吊、AGV均采用电力驱动，码头装卸、水平运输及堆场装卸环节完全消除了尾气排放，环境噪声得到极大改善，与此同时，装卸行程的优化以及能量反馈技术的采用，进一步降低码头的能耗指标，洋山四期的装卸生产设计可比能源综合单耗仅为1.58吨标准煤/万吨吞吐量，达到国内先进水平。港口船舶岸基供电、节能新光源、水网系统远程度数流量计、办公建筑区域电能监控系统、太阳能辅助供热等技术的应用，使洋山四期的能源利用效率跨上新台阶。

未来码头运营管理现场几乎看不到人，全部是智能操作和系统自动调度。这项工程将促进中国从传统制造向智能制造的转型发展，提升产业发展的能级和国际竞争力。随着自动化码头技术的不断成熟、建设成本进一步下降、国内的人力资源成本逐渐提升，自动化码头将成为集装箱码头未来发展的必然趋势。根据目前大陆集装箱码头的情况分析，自动化码头建设会朝两个方向发展：大型海港新建码头采用自动化岸桥 + AGV + ARMG 的模式，建设全自动化集装箱码头，是未来新建大型海港码头的一种发展趋势。中小码头、现存码头采用传统岸桥＋集卡＋ARMG的自动化堆场模式，具有投资规模小、技术成熟、实施周期短、见效快的特点，是新建中等码头和现存码头自动化改造的一个发展方向。典型自动化码头方案与装卸工艺对比如表4-2所示。

表4-2　典型自动化码头方案与装卸工艺对比

技术特点	荷兰鹿特丹港 Delta Sealand 码头	新加坡巴西班让（Pasir Panjang）码头	德国汉堡港	荷兰鹿特丹港 Euromax 码头	日本名古屋码头	ZPMC 自动化码头长兴示范线	厦门远海自动化码头
岸桥	单小车半自动	单小车半自动	双小车半自动	双小车半自动	单小车半自动	双小车半自动	双小车半自动
水平运输车辆/驱动	AGV/内燃	拖挂车/内燃	AGV/内燃	AGV/内燃	AGV/内燃	执行车辆/电动	AGV
水平运输车在岸桥下作业位置	岸桥跨距内	岸桥跨距内	岸桥陆侧外伸距	岸桥陆侧外伸距	陆侧外伸距/跨距内	岸桥陆侧外伸距	岸桥陆侧外伸距
AGV 运行路线	固定		灵活	灵活		—	灵活
堆场布置与码头岸线位置关系	垂直	平行	垂直	垂直	平行	垂直	平行
堆场起重机	ARMG	全自动高架桥 ARMG	ARMG（双机穿越）	ARMG	ARTG	ARMG	ARMG（双机接力）
技术水平	一代	一代	二代	三代	三代	三代	四代

自动化码头首先解决了让港口最头痛的安全问题，通过远程控制可让工人远离危险区域，即使有意外事件或操作失误，安全事故对工人的直接伤害也会大幅降低。其次，码头工人需要直接操作的机器从上吨重的桥吊变成了小巧的电脑，大家只需像普通的白领一样坐在办公室里办公而免去了港口的日晒雨淋。自动化码头能吸引更多女性进入港口行业，也将使码头工人的构成更多元、合理。目前很多港口的人工成本占到了整体成本的70%，通过无人驾驶导引运输车则大大降低了企业成本，差不多降低了80%的人力成本，效率提高了300%，两年就可以收回改造成本。近两年来，自动化码头运用人工智能技术、5G技术，不断推动智慧化生产，具有全智能、高效率、更安全、零排放等特点。

4.3 港口互联互通信息平台

4.3.1 建立港口互联互通信息平台的必要性

4.3.1.1 提高港口管理和决策水平

港口互联互通信息共享平台是连接与国际贸易有关的政府部门（如交通、海关、外经贸、检验检疫等）、社会服务机构（如银行、保险、运输、仓储、港口、机场等）和各类贸易、生产、运输企业的内部管理信息系统并集成它们的数据，开展电子数据交换和电子商务服务的信息网络系统。

建立互联互通的信息化平台具有重要意义，提高港口管理和决策水平，实现远程调度，优化港口物流流程并提高港口物流服务质量；实现港口与海关、海事、商检等口岸单位的信息一体化，提高"大通关"效率和口岸部门服务水平；整合物流信息资源，拓展港口物流市场交易、金融、保险等配套服务功能，借助云计算、大数据分析等手段识别业务机会与风险，帮助改进服务质量。

4.3.1.2 加强港口综合服务环境建设，促进港口持续发展

现代港口综合物流服务已不再局限于码头本身和周围地带，其服务内容

可延伸到整个供应链。根据世界经济结构调整和全球贸易发展的要求，现代港口应该成为实现资源重新配置的最为活跃的市场。对中国港口企业来说，特别是沿海大型深水码头，不仅仅满足于在国内发展，还应参与国际市场竞争，大力发展港口综合物流服务，努力向现代化、大型化的全球物流服务企业转变。

口岸信息共享平台作为一种公用系统，是与口岸硬件设备条件相并重的基础设施。作为口岸监管部门、企业间的信息中介，平台提供信息转换、传递、存证等增值服务，帮助相关政府部门实现高效的服务和监管，各类企业方便地开展国际贸易和电子商务，从而达到改善政府形象、提高通关效率、降低交易成本、增加贸易机会、增强城市综合竞争力的目的。

4.3.1.3　互联互通，保证信息共享

"一带一路"倡议下，港口之间在海铁联运、口岸联动、大陆桥运输、信息共享等方面存在大量跨区域合作空间。建立互联互通的信息化平台需要打通港口上下游环节的数据流，建立数据的共享和交互中心，为港航生态圈中的参与方提供标准化的数据，保证各方获取信息的及时性和准确性。实现港口与船公司、铁路、公路、场站、货代、仓储等港口相关物流服务企业的无缝链接，通过物流信息平台实现信息集成和共享，帮助终端货主优化物流解决方案。以新加坡港 PSA 的 PortNet 为例，通过该信息化平台实现码头及船公司、货主、政府、运输公司等的信息互联，平均每年处理超过 7000 万宗交易。

4.3.2　港口互联互通信息平台的体系结构

以多式联运信息系统为起点，以港口信息资源为依托，按照大口岸、大通关的发展战略，运用先进的信息技术和现代物流技术，充分整合、挖掘、利用信息资源，逐步实现与海关、商检、海事局、税务、外汇管理、外经贸、交通局等政府监管部门及与船公司、船代、货主、货代、码头、外理、箱站、报关行、储运、机场、车队、铁路、银行、保险等各类企业公司的联网，实

现港航、空港的电子交换业务,无纸贸易、无纸放行及信息的增值服务,为用户提供信息共享和个性化服务,使信息服务水平由被动向主动转变,逐步提高港口信息服务水平、服务质量和辐射范围。

建立港口信息综合服务系统,集成码头、海关、船公司、箱站、货主、代理等相关航运单位的信息、数据,构建与国际贸易相关的政府部门、社会服务机构和各类贸易、生产企业开展电子数据交换的信息网络,并最终建成口岸统一、开放的港口信息共享平台。港口物流信息平台的体系结构如图4-13所示。

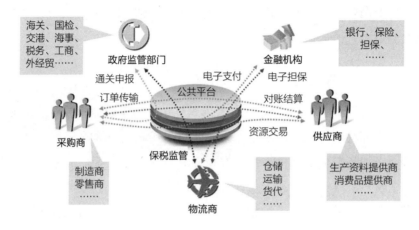

图4-13 港口物流信息平台的体系结构

与信息共享平台连接的节点,彼此间可相互交换信息,政府部门、企业等均可在信息平台上发布自己的信息,运行自己的业务。贸易企业或生产企业将国际贸易中的相关货物信息,通过信息平台发送给相关政府部门、运输企业;水运、航空、铁路、公路等运输企业,以及一些码头、仓储、货运代理企业,通过信息平台,将一些运输信息传递给政府监管部门及相关企业;海关、检验检疫、税收等政府监管部门,通过信息平台对企业的申报信息进行审核,并将审批信息反馈给相关企业;为口岸物流监管部门、企业间的信息中介,提供信息转换、传递、存证等增值服务。银行、保险等金融服务机构,根据以上信息为企业提供结算和投保业务(见图4-14)。

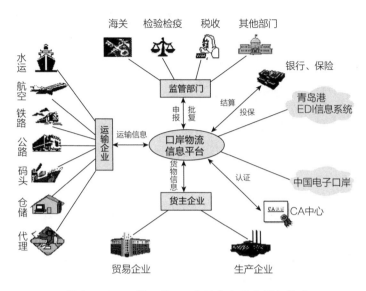

图 4-14 口岸互联互通物流信息平台业务模式

4.3.3 中国电子口岸和单一窗口

中国电子口岸（www. Chinaport. com. cn）是经国务院批准，由海关总署牵头，会同其他 11 个部委共同开发建设的公众数据中心和数据交换平台。它依托国家电信公网，实现工商、税务、海关、外汇、外贸、质检、公安、铁路、银行等部门以及进出口企业、加工贸易企业、外贸中介服务企业、外贸货主单位的联网，将进出口管理流信息、资金流信息、货物流信息存放在一个集中式的数据库中，随时提供国家各行政管理部门进行跨部门、跨行业、跨地区的数据交换和联网核查，并向企业提供利用互联网办理报关、结付汇核销、出口退税、进口增值税联网核查、网上支付等实时在线业务。按照"电子底账＋联网核查＋网上服务"的新型管理模式，建立集中式的公共数据中心，即一个数据库：集中存放电子底账，信息共享；一个交换中心：优化数据采集、汇总、分发途径；一个服务窗口：提供企业 EB 门户网站。电子口岸管理方式如图 4-15 所示。

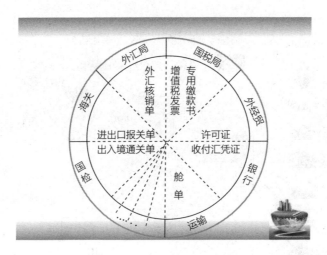

图4-15 电子口岸管理方式

中国电子口岸依托国家电信公网建立起一个公共数据中心和交换平台，实现部委之间、部委与企业之间的联网数据交换和共享。电子口岸执法系统：进口付汇、出口收结汇、出口退税、报关申报、转关申报等项目，电子账册、电子化手册等加工贸易联网监管项目，网上支付、舱单系统、快件系统等其他应用项目。

国际贸易"单一窗口"是指参与国际贸易和运输的各方，通过单一的平台提交标准化的信息和单证以满足相关法律法规及管理的要求。"单一窗口"是联合国在21世纪初推行的一种重要举措，意义在于通过对国际贸易信息的集约化和自动化处理，实现国际贸易数据共享和提高国际贸易效率。单一窗口分为三类：有限单一窗口（海关、港口、自贸区等）、国家单一窗口、国际区域单一窗口。部分领先港口所在地区已建立起国家单一窗口，比如新加坡、荷兰和德国等，实现了原有国际贸易、港口运输和报关的信息整合；ESPCA（European Port Community Systems Association）30港口平台通过设立跨区域的单一窗口，建立起了六大港口运营商在德国、英国、荷兰、西班牙、意大利、拉脱维亚、比利时、乌克兰、以色列的港口联盟，便捷、规范的信息共享机制大大促进了贸易效率。

中国建设国际贸易"单一窗口"标准版，形成覆盖港口、货主、船公司、运输公司、口岸单位等在内的信息化平台，实现了与公安部、环保部、交通部等11个部委系统的"总对总"对接。国际贸易"单一窗口"标准版是全国通关一体化的重要依托和平台,企业向口岸多个部门申报,只需通过这一个平台即可完成,不受时间、地点限制,口岸管理部门由以前的串联执法变为并联执法,减少了企业的重复录入工作,提高了通关效率,降低了企业成本,有效提升了贸易便利化。中国海关对企业开放业务数据交换接口,有利于统一数据标准,使未来单一窗口更有延展性,为"大通关"提供便利。

4.4 口岸业务单证电子化

港口作为物流运输的中转中心、配送中心和仓储中心,汇聚着巨大的信息流、资金流和物流。随着云计算、大数据等新一代信息技术的蓬勃兴起,信息化建设已经成为各大港口增强综合竞争力的重要举措。上海港率先推动口岸业务单证的电子化,主要业务单证的传输达到一次性的输入,在全国范围内都可以共享这些数据。目前上海港93%的港区相关业务都已实现网上受理,过去客户每人次办理业务平均耗费2小时,现在网上受理平均只要3分钟。

特别是设备交接单(EIR)电子化,对改善运输流程、提高运输效率意义重大。所谓集装箱设备交接单,是指进出港区和场站时,用箱人、运箱人与管箱人或其代理人之间交接集装箱的凭证。自20世纪90年代初使用以来,EIR在规范集装箱作业方面发挥了重要作用,但随着信息化程度的提高,纸质单证模式已成为提升口岸物流效率和降低成本的阻碍。在传统进出口集装箱物流环节中,船公司、货代、车队、集卡司机、堆场、码头等之间的业务往来需要通过纸质单证进行人工流转,存在运输效率低下、成本高企的缺点。原来纸质设备交接单的申请、发放、流转,严重背离了物流的时效性。

为确保电子化作业的效率,避免EIR信息传递滞后等情况出现,从2018年7月1日起,上海港全面推行集装箱设备交接单电子化,取消纸质设备交接单。下属码头公司不收取、留存集装箱装箱单,凭电子装箱单进港,取消纸质集装箱装箱单的收取、留存。上港集团为多家船公司、船代提供了数据接口服务，完成了 EIR 电子化公共平台与各相关方系统之间的对接工作，有效保障了 EIR 电子数据上传的及时性。这标志着上海口岸集装箱道路运输的设备交接单和装箱单两大单证，都实现了电子化。对司机而言，不用再花 5 ~ 10 小时等待，缩短了每趟业务的做箱时间，增加了每月的业务量，还增加了睡眠时间，避免疲劳驾驶。对于集卡车队，可随时申请放箱，随时派单给司机，减少了同等运距业务的时间，降低了成本，增加了收入和利润，同时提高了到工厂的准点率，提高了服务质量。对港区而言，避免了集中作业，减少了因此出现的差错，提高了集装箱周转率和运营箱量。对堆场而言，作业更均衡，更有计划性。据介绍，EIR 电子化公共平台上线后，将明显压缩口岸作业时间，对提升上海跨境贸易在全球排名有直接的促进作用。以进口为例，目前"货物抵港到企业申请提箱"时间为 4.5 天，可以压缩半天到 1 天，另外放箱公司或车队与集卡司机之间可以 7×24 小时传递电子单证，同时对船公司及放箱代理企业而言，每年直接降低单证印制成本和寄送费用 4 亿元人民币以上。

2019 年 4 月 29 日，宁波舟山港全面实现进出口集装箱在工厂、货代、堆场、码头、船公司等各物流节点的信息实时动态可视、可控，由此成为全国首个实现集装箱进出口全程操作无纸化、物流节点可视化的港口。宁波舟山港集装箱进出口无纸化项目紧跟"互联网 + 港口"步伐，历经多年探索和持续创新，完成了港口物流的资源整合与共享、流程再造与重构，取得了良好的经济效益、社会效益和生态效益。此次宁波舟山港全面上线集装箱出口业务全程无纸化服务功能，实现了宁波地区从事出口集装箱业务的 5 家码头、60 余家船公司、28 家港外堆场、200 余家订舱货代、1200 余家实际用箱人、2.8 万名集卡司机之间的系统互联、数据互通，线上提箱占比已经达到 90% 以上。无纸化运作后，船公司将出口设备交接单以电子数据形式传输至宁波舟山港电商平台，货代确认后获取提箱二维码，司机凭提箱二维码到码头快速办理提空箱业务，免去了装箱单、设备交接单等 5 份纸质单据的人工跑单，每箱至少可节约流程时间 1.5 小时，在进一步降低物流运输成本的同时，有效缓解了港区道路的拥堵现象，改善了集卡司机的从业环境。

4.5 高新技术在智慧港口建设中的应用

智慧物流通过大数据、云计算、智能硬件等智慧化技术与手段,提高物流系统思维、感知、学习、分析决策和智能执行的能力,提升整个物流系统的智能化、自动化水平,从而推动中国物流的发展,降低社会物流成本、提高效率。

2015 年 5 月,国务院正式印发《中国制造 2025》,部署全面推进实施制造强国战略。2016 年,国务院总理李克强主持召开国务院常务会议,从国家层面部署推进"互联网 +"高效物流。经国务院同意,国家发展改革委会同有关部门研究制定了《"互联网 +"高效物流实施意见》,交通运输部、商务部、工信部等有关部门从各自职能领域出发部署了推进"互联网 +"高效物流相关工作,为推动智慧物流发展营造了良好的政策环境。

预计到 2025 年,智慧物流市场规模将超过万亿元。例如,菜鸟广州增城物流园投入建设的自动化分拣系统,每天可高效处理超百万级商品,拣货准确率接近 100%。近年来,大数据、物联网、云计算、机器人、AR/VR、区块链等新技术驱动物流在模块化、自动化、信息化等方向持续、快速变化(见图 4–16)。

技术的影响结果	云计算和存储	物联网	库存和网络优化工具	自动化和机器人	可穿戴和移动设备	预测性大数据分析	3D打印	无人驾驶车和无人机	AR/VR	区块链
感应		√	√	√	√			√	√	
互联	√	√	√	√	√			√		√
智能	√			√		√	√	√		

图 4–16 新技术及其影响

　　我们对中国智慧物流从现在到 2025 年的应用场景进行展望，描绘出智慧物流应用的框架及其主要内容。整体架构自上而下体现在三个层面：智慧化平台、数字化运营、智能化作业（见图 4-17）。

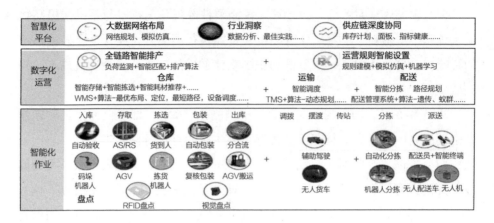

图 4-17　智慧物流应用的框架

　　资料来源：中国物流与采购联合会、京东物流

　　5G 至少会给行业带来三方面的变化：一是设备和设施的智能化应用的普及，无人车、无人机、仓储机器人等更多地应用，把人从低端劳动中释放出来；二是人与车、货、仓的互联互通互动，物联网和 AI 技术将让车、货、仓拟人化并与人沟通联动，实现更高效的互动；三是服务的动态化、透明化和智能化。在将来 5G 网络普及的时代，港口行业将迎来港口智慧化；5G 网络主要解决数据的实时上传及交互，人工智能则在大数据的基础上实现深度分析与有效应用，指导流程优化、效率提升。

　　目前，福州港务集团江阴港区成功上线福建省内首个 5G "智慧港口"平台（见图 4-18）。福州港务集团有限公司作为中国联通福州分公司在交通行业第一家 5G 试点落地单位，与华为联合打造基于 5G+MEC 的"智慧港口"平台。"智慧港口"实现既关注整体又兼顾局部的大范围立体监控模式，构建最先进的 AR 实景作战指挥平台，远程通过 AR 全景摄像机获取的江阴港区实时全景视频，方便生产调度人员对作业线进行实时指挥，作业方式调整等，已成为港区作业指挥的一种先进手段。

图 4 - 18　福建省内首个 5G "智慧港口" 平台

在引入 5G + MEC 边缘云计算技术后，借助 5G 高带宽的特性，未来港区可在现有的 AR 平台上导入流动机械、转运车辆、人员等携带的移动设备拍摄的实时高清图像，实现生产指挥的进一步精细化，同时 5G + MEC 边缘云计算的技术方案将为实现自动驾驶、远程操控、主动预警、智能安防等奠定基础，有助于全面提升港区自动化、智能化水平。

物联网主要解决信息数据采集与上传问题，物联网 + 5G + 人工智能，将帮助我们实现从数据采集到数据传输，再到数据应用的完整数据链条，更好地发挥数字化供应链的效用。

运用人工智能推动港口智慧化是今后的发展趋势。要在已运营的港口中推动自动化改造，普及推广难的首要因素是建设成本压力。建设年吞吐量 200 万 TEU（集装箱标准箱英文简称）的中型自动化码头一般投入 10 亿元以上，AGV（自动导引运输车英文简称）集装箱水平运输方式，需要地下埋设几万枚磁钉，投入大、耗时长。其次，技术标准有待统一，可靠性和稳定性有待检验；自动化码头构造精密复杂，试错成本高等。人工智能赋能智慧化港口，避免了大拆大建造成的高成本投入，只需要通过一些训练就可以完成老码头的升级改造。

区块链也是被较多受访认可为将在 5 年内实现规模化应用且将产生变革性影响的技术。区块链技术是一种分布式、共享式的账本，用于存储数字交易的记录，且具有不可篡改性，区块链技术是传统的笔式和纸质的簿记技术的先进替代品，区块链提供了一个数字分类账，以确保一个容易创建但不可操纵的安全的数据库。2018 年，马士基公司正在与国际商业机器公司合作，利用区块链技术实现对货物和文件的实时跟踪。区块链由于有去中心、公开、透明、防篡改等特点，有助于解决供应链中信息不对称、数据信任等问题。采用区块链技术可以为航运业带来以下优势：减少纸质文档、免除不必要的延误、降低成本、实现实时数据。

2019 年 4 月 17 日，天津口岸区块链验证试点项目正式上线试运行，天津口岸区块链验证试点项目首次将区块链技术与跨境贸易各业务环节应用系统有机结合，构建可信的业务链条，组建跨境贸易区块链联盟，打造拥有贸易方、金融方、物流方、监管方及其他服务方的区块链平台，发挥区块链技术优势，营造信任、便利、高效、可追溯的贸易环境，逐步形成贸易便利化新生态。促进港口合作，打造连接中国香港地区、新加坡、欧洲等区块链贸易网络，建设可信贸易生态，推动跨境贸易便利化的发展，为全球贸易生态带来全新的价值体验。

港口信息化建设发挥创新功能，助推港口从规模增长到高质量发展。进一步充分利用信息技术的扩张性、渗透性等特点，推动信息化与港口传统产业的互动、互补，实现港口传统产业的升级换代，从而推动港口经济结构调整，加快建立以高端化、集群化、集约化和生态化为主要特征的现代新型港口产业体系。

绿色港口的发展是未来港口发展的必然趋势，其核心目标就是能够建立良好经济效应和绿色发展的港口，推进港口经济与环境的和谐发展，促进经济社会可持续发展。绿色港口建设可以提高企业品牌价值，有利于促进企业的长久发展，参与到全球化的竞争当中，并能够占有一席之地。

5.1 国际环保公约与行业规范

5.1.1 国际环保公约

MARPOL 73/78 公约是世界上最重要的国际海事环境公约之一，该公约旨在将向海洋倾倒污染物、排放油类以及向大气中排放有害气体等污染降至最低的水平。为防止并消除船舶排放油类和其他有毒物质造成对海洋的污染，以及最大限度地减少船舶海损事故造成污染，1973 年 10 月 8 日至 11 月 2 日，政府间海事协商组织（简称海协，现改名国际海事组织）在伦敦召开国际防止船舶造成污染会议，在《1954 年国际海上油污公约》及其各项修正案的基础上制定了《1973 年国际防止船舶造成污染公约》。现行的公约包括了 1973 年公约及 1978 年议定书的内容，于 1983 年 10 月 2 日生效。所有悬挂缔约国国旗的船舶，无论其在何海域航行都需执行 MARPOL 公约的相关要求，各缔约国对在本国登记入级的船舶负有责任。

2016 年 10 月，国际海事组织海洋环境保护委员会第 70 次会议（IMO MEPC70）决定进一步减少全球硫排放限额至 0.5%，全球范围内燃油（硫含量）从 3.5% 直降到 0.5%，并于 2020 年 1 月 1 日生效，这就是 "2020 限硫令"。2018 年 10 月 26 日，IMO 国际海事组织宣布，MEPC73 会议通过 MARPOL 公约修正案，从 2020 年 3 月 1 日起，没安装替代设备 SCRUBBER 的船，将不被允许携带高硫燃油（源头切断）。"2020 限硫令"是由联合国 IMO 推动的，经 MEPC（海洋环境保护委员会）开会讨论，按照一定程序表决生效，是立法的结果。"2020 限硫令"通过限制船用燃油的硫含量，来控制柴油机尾气硫化物的排放，从而减少大气污染。

"2020 限硫令"标志着国际大气防污染 SOx 硫排放要求的提高，中国也已经积极响应"2020 限硫令"，各主要区域和地方都紧锣密鼓地配套了相关政策和措施，如"长三角""珠三角""环渤海"等，现在已经划定包括海南省在内的 12 海里领海基线，属于 0.5% 硫排放控制区。国际海事公约是保障国际合作和贸易的重要国际法规，并得到成员国广泛的尊重和执行，研究和践行国际海事公约，是中国"一带一路"建设的需要，是全球化分工合作和全球贸易合规高效的需要。

国际海事组织 IMO 制定的 MARPOL 环保公约将于 2020 年初生效，如不遵守将可能被船注册国和港口所属国家双边罚款。届时船公司有三种选择：①使用硫含量不超过 0.5% m/m 的低硫油，短期无重大资本开支，但是长期成本提升；②加装脱硫塔以滤清废气，一次性资本开支为 300 万～350 万美元/艘，并需要进坞维护 30 天，加装完成后整体舱位略减，但是可以继续使用较为廉价的高硫油；③改装船动力系统为 LNG 燃料船，能源清洁，但是一次性资本开支很高，约为 2000 万～2500 万美元/艘，且尚无前例，安全性有待考证。主流的环保公约应对方案见表 5 - 1。

表 5 - 1 主流的环保公约应对方案

应对方案	使用低硫油	加装脱硫塔	改装船动力系统 LNG 动力
一次性资本开支（万美元）	0	300～350	2000～2500
后期成本	较高的低硫油运营	脱硫塔维护成本	未知
进坞维护时间	0	30	未知
不良影响	长期运输成本提高	占用小部分舱位	资本开支过高，安全性未知

资料来源：IMO，天风证券研究所

5.1.2 行业规范

目前行业主导的计划主要有四个：船舶环境指数（ESI）、清洁船舶指数（CSI）、温室气体（GHG）排放评级以及绿色奖励计划（见图 5-1）。

	主要激励形式	船类	范围	如何实行
船舶环境指数 WPSP	港口费减免	远洋船	硫氧化物（SO_x）、氮氧化物（NO_x）、颗粒物（PM）和二氧化碳（CO_2）	船东自行申报数据
清洁船舶指数	货主优先挑选绿色海运服务	远洋船	SO_x、NO_x、PM、CO_2、废水、废物和化学品	船东自行申报数据，最小两艘船由第三方审核
绿色奖励计划	租船优先选择、港口费折扣等	部分远洋船和内河船	SO_x、NO_x、PM、CO_2、废水、废物、化学品和安全	计划对船舶和船公司进行认证
温室气体排放评级	货主优先选用低油耗的船	选洋船，但主要为散货船和油船	CO_2	对船舶进行CO_2排放绩效评级

图 5-1 行业主导的四大激励计划

资料来源：自然资源保护协会《绿色航运激励计划综述》

1994 年，鹿特丹港务局和荷兰交通及水管理部合作成立了绿色奖励基金会，在荷兰等地区发起市场激励计划，促进高质量的航运。2000 年，绿色奖励基金会成为独立机构。绿色奖励计划旨在创造高质量的航运市场，减少危害（海洋）环境的事件和事故。

2010 年，为减少空气污染，勒阿弗尔港、不来梅港、汉堡港、安特卫普港、阿姆斯特丹港与鹿特丹港制定并推行了船舶环境指数（ESI）计划，根据现行国际海事组织（IMO）排放标准，为 SO_x、NO_x 或 CO_2 排放量低于平均水平的已注册远洋船舶（OGV）提供港口税或吨位费优惠。

瑞典实行环保差别化航道费。1996 年，瑞典海事局、瑞典港口与装卸协会、瑞典船东协会同意实施差别化航道费制度，以鼓励瑞典的航道内及各港口往来船舶降低 SO_x 和 NO_x 的排放。2007 年，哥德堡与瑞典西部地区航运业的利益相关方和许多瑞典的大型进出口公司一起开始推行清洁船舶指数（CSI）。为了鼓励船舶采取措施减少船舶整体环境影响，瑞典政府于 2017 年 4 月通过了提案，计划根据船舶 CSI 评分收取差别化航道费。新体系于 2018 年 1 月开始实施，规定船舶 CSI 评分越高，可获得的航道费优惠越多。例如，若船舶 CSI 评分大等于 125 分，则仅需支付全额航道费的 10%。CSI 是一种在线工具，能够根据一系列环保标准为各注册船舶评级，尽管大部分用户为欧洲船舶和货主，但 CSI 现已在全球得到应用。

5.2　国外绿色港口建设实践

5.2.1　美国绿色港口发展

港口的环境管理，特别是在运营期间的管理，是港口可持续发展的关键，环境管理成效的大小，直接关系到港口可持续发展实施的前景。美国为了实现港口环境三个"洁"，一个"静"，即港区水域要清洁、地面要清洁和空气要清洁，环境要安静，推出严厉的港口绿色法规。在港口环境日益恶劣的情况下，美国政府制定《环境保护法》《资源利用法》等法律法规和政策，促进各港口大力建设绿色港口。

2003 年 8 月 23 日，美国洛杉矶港港口委员会基于长远的环境保护政策，宣布启动"洛杉矶港环境管理系统"项目；2006 年，洛杉矶、长滩两港联合实施"圣佩罗湾洁净空气行动计划"，为减少货物运输过程中空气污染物排放提供整体战略。洛杉矶港靠港船舶启用岸上供电系统；洛杉矶港所有的开关引擎都装有 15 分钟空载装置的第二代引擎或使用乳化燃料。

纽约—新泽西港制定港口环境管理体系及日常营运的监控措施，实施码头装卸设备电气化、船舶减速靠港减泊位费以及航道疏浚淤泥分析处理等措施，并且拓建铁路集疏运系统以及港口物流系统，以降低由于集疏运拥堵带来的空气污染，并提高资源的利用率。纽约—新泽西港注重加强内部培训和对外宣传。

长滩港是"绿色港口"的倡导者之一，2005 年 1 月，经过长滩港务局委员会的批准，长滩港首次推出了包括维护水质、清洁空气、保护土壤、海洋野生动植物及栖息地、减轻交通压力、可持续发展、社区参与 7 个方面近 40 个项目的环保方案"绿色港口政策",建立了环境友好型港口操作的基本框架。通过对各类环保问题的调查检测,采取了积极健康的环保措施,设计了相应的环境保护方案。长滩港在码头设计、发展和运营各个阶段都体现了绿色发展的理念:积极研发新型的"绿色"技术;采用市面上可利用的环保材料和用品;长滩港靠港船舶启用岸上供电系统,通过减少废物、能源和水资源的保护计划来减少港口损耗,鼓励使用新能源如太阳能、风能、水能替代传统能源。长滩港优化港口装卸工艺,实施建设干线道路、促进夜间装卸及缩短集装箱免费堆存时间等措施,促使码头内物流顺畅,防止货物滞留。

2007 年西雅图港形成了建立最清洁、最绿色、高能效港口的远景,在原有规划的基础上制定了绿色通道计划;西雅图港在拖船上采用新型智能发动机,在车辆上采用柴油催化转换器及新型柴油燃料。

5.2.2　日本东京绿色港口

日本十分重视港口和海域的环境保护,制定实施了一系列有关海洋环境保护法,如《预防海洋船舶油污染法》《海上灾害法》,修订《港口法》有关港口环保设施的规定并加大环保力度。日本制定强制性的法规标准,通过立法及颁布最低能效标准和碳排放标准等,推动港口低碳化。2007 年 9 月,日本中央环境审议会就公布了低碳社会的基本理念,要实现低碳化,就要改变大量生产、大量消费、大量废弃的发展模式,通过节能、低碳能源的利用,提高资源有效利用等途径,确立起二氧化碳最低排放的低碳社会经济体制,2009 年 12 月,提出制定《气候变暖对策基本法》,明确规定从 2010 年起实施温室气体排放量的计算、报告、公布制度,改变以往以公司为单位的报告制度,以港口为单位,对温室气体排放量做到准确计算与报告,并向全社会公布。

东京港比较早开始致力于发展绿色港口,提出建立与沿海环境和谐、高质量、环境宜人的生态港口。一方面进行填海造陆建设,另一方面加强海域环境的建设,将海洋公园、临海自然景观、野生动物栖息地、公众走道、滩涂等亲水空间作为港口发展的重点。

5.2.3 澳大利亚绿色港口建设

澳大利亚制定了十分全面的环境保护法律法规,联邦政府下设的环境保护管理局,负责制定各种环境保护条例和法令,防止在建设港口和港口生产运作中发生破坏、污染水域、陆域环境、空气以及威胁水生物生存的情况,在港口开发建设中,政府重视港口规划与港口所在城市规划的协调一致,并且注重港口环境的规划。澳大利亚海上安全局注重与周边国家合作,共同制定环保措施;积极进行宣传,防止海洋污染;参加签署防止海洋污染法,承诺处理本区域内的船舶废水,防止船舶油的泄漏,保护经济区的海洋环境;与船公司协商在区域内的环境保护问题。

悉尼港是政府所有的州立型港口,经营者在港区的管理下具有经营权,所有权与经营权分离。悉尼港是最早的具有绿色发展理念的港口之一,从水体质量、空气质量、噪声控制、生物多样性、垃圾管理、危险货物管理、环保教育及培训7个方面实施"绿色港口指南",悉尼港为港口开发和运营提出了环境友好、技术可行的可持续性目标和措施。

澳大利亚布里斯班港口从 1999 年起建立了公司的环境管理系统,并在 2000 年 5 月成为澳大利亚第一家获得 ISO 14001 标准证书的港口企业。根据 ISO 程序,外部检察员对公司每六个月进行一次监督检查,确保了公司环境绩效目标能够实现生态型港口规划。

5.2.4 欧洲绿色港口政策与相关技术

欧洲多个港口共同发起了生态港项目,其内容不仅是港区内部作业对环境的影响,同时也考虑到整个运输系统的优化组合,如减少卡车的空载率、发挥近海船运等,以减小运输对环境的影响。

阿姆斯特丹港协商荷兰其他港口通过了以"清洁航运"为主题之一的环境政策,港口将更合理地利用土地和环境,控制和减少二氧化碳的排放。

荷兰鹿特丹港实施了"里吉蒙地区空气质量行动项目",以减少港区污染物排放,实现空气清洁,并制订了2020年"清洁、环保港口"发展规划;鹿特丹港实行洁净煤计划,配煤中心利用6个大型筒仓多次混配,在45m高的简仓里充分搅拌，摆脱传统的露天作业方法，混配好的洁净煤通过封闭式的皮带机自动控制输出并有序堆放，实现煤炭的清洁利用、精确混配；鹿特丹港启动二氧化碳捕获与封存计划，在 2015—2025 年每年捕获 50 万吨二氧化碳。

英国各港口在交通环境部下属的海洋污染控制中心的监督下，对环境保护工作非常重视，成立自己的环保队伍，采用先进的环保防治技术，如"干湿"除尘法，防止港口作业粉尘，建设码头废弃物接收处理设施和废水处理系统，并成立环境污染监测控制中心，负责港口环境监测、管理及海上应急计划。并且各码头每年要向港务管理局提供环保及应急计划，提出具体目标、措施和实施办法，各级有明确的责任和监督措施。此外，港口还十分重视环境管理理论的研究和公众环保意识的提高。

5.2.5 新加坡绿色港口建设

2011 年，为减少航运及相关活动对环境的影响，促进新加坡的清洁和绿色航运发展，新加坡海事及港务管理局（MPA）推出了"新加坡海事绿色倡议"（MSGI）。新加坡政府承诺五年内为该倡议投资 1 亿新加坡元（约合 4.96 亿元人民币）。该倡议包含多个项目发展，如绿色船舶计划（Green Ship Programme，GSP）、绿色港口计划（Green Port Programme，GPP）及绿色科技计划（Green Tech Programme，GTP），具体如表 5 - 2 所示。

表 5 - 2　新加坡海洋绿色倡议主要项目

	绿色船舶计划	绿色港口计划	绿色科技计划
对象	新加坡船籍	靠泊新加坡的远洋船舶	码头及港口营运相关企业
措施	注册费 \ 吨位税折扣	港口费折扣	计划经费补助
目标	鼓励减少 CO_2、SO_x 和 NO_x	鼓励减少 SO_x 和 NO_x	鼓励采用绿色技术

2016 年，在业界支持下，该倡议进一步加强，MSGI 项目延长至 2019 年 12 月 31 日，并于 2016 年 7 月 1 日起将 LNG 船舶纳入 GSP 计划中，同时新增了绿色意识项目（Green Awareness Programme，GAP）和绿色能源项目（Green Energy Programme，GEP）两个项目。其中，新加坡 GAP 项目主要关

注对可持续运输方式的探索；GEP 项目旨在促进海洋清洁燃料的使用及节能操作措施的运用，以迎合全球航运限硫的规定。

为顺应全球降低排放的趋势，新加坡作为全球最大的装燃料港口，计划到 2020 年向船舶提供 LNG 作为燃料，并拟成为全球最大 LNG 船用燃料加气港。MPA 还预留了 840 万美元作为海事创新和科技基金，以支持新 LNG 供气船建造。

新加坡把环境可持续性纳入港口设计和建设，对港口发展项目的环境影响极为关注，并在启动一切港口项目时进行环境影响评估。如裕廊海港（Jurong Port）翻新的两个码头，采用环保洋灰水泥、钢网及螺纹钢筋等获认证的绿色建筑材料；采用绿色设施，包括 100% 使用在码头收集的天然雨水进行灌溉、以缓慢速度排水到主要沟渠的预防水灾系统、安装在仓库屋顶的太阳能电池板，以及空气质量监管系统。

5.3 中国绿色港口建设

5.3.1 中国绿色港口建设实践

5.3.1.1 绿色港口法规标准体系不断完善

早在 20 世纪 80 年代，提出了港口资源节约和环境保护的发展理念，并在港口工程初步设计文件中设立"环境保护"和"节能"专篇。国家颁布了港口法、环境保护法、节约能源法、循环经济促进法等法律。交通运输部制定了行业标准规范，比如水运工程建设标准强制性条文、水运工程节能设计规范、港口工程环境保护设计规范、港口建设项目环境影响评价规范、内河航运建设项目环境影响评价规范、绿色港口等级评价标准等标准规范；交通运输部颁布并实施了加快推进绿色循环低碳交通运输发展指导意见、建设低碳交通运输体系试点实施方案、建设节约型交通指导意见等政策和指导性文件。

《公路水路交通运输节能减排"十二五"规划》要求，到 2015 年和 2020 年，港口生产单位吞吐量综合能耗分别下降 8% 和 10%，港口生产单位吞吐量 CO_2 排放比 2005 年分别下降 10% 和 12%。《公路水路交通运输环境保护

"十二五"发展规划》也提出了"化学需氧量（COD）、总悬浮颗粒物（TSP）等主要污染物排放强度比'十一五'末降低20%"的发展目标。

交通运输部出台《关于推进长江经济带绿色航运发展的指导意见》，深入推进船舶与港口污染防治专项行动。2018年4月3日交通运输部公布《深入推进绿色港口建设行动方案（2018—2022年）》（征求意见稿），拟在"十二五"时期的基础上从更深层次、更广范围、更高要求建设绿色港口。该方案目标是，到2020年，全面完成"十三五"相关规划目标任务；2020—2022年期间，每年建成一批资源利用集约高效、生态环境清洁友好、运输组织科学合理的港口（港区），示范带动全国绿色港口建设。

5.3.1.2 先进节能减排技术和设备的应用

当前港口行业码头油气回收、靠港船舶岸电、船舶排放控制区、粉尘等固体污染物排放、长江航运绿色发展等方面，取得相关政策效果。

推动清洁能源使用，水运行业应用LNG工作继续推进，交通运输部发布《关于深入推进水运行业应用液化天然气意见（征求意见稿）》《环渤海地区液化天然气码头重点布局方案（2022年）》，进一步完善LNG码头布局规划，在环渤海5港口16泊位布局LNG码头，进一步提升天然气保供能力。2017年，青岛港自主投资1800余万元建设9套装车油气回收系统，杜绝装车油气挥发，真正实现装车作业安全、环保、全密闭。每辆油罐车回收效率提高近8倍；油气回收处理效率达到99%以上。2017年投用以来，已累计回收液化烃500余吨；减少油气挥发量2000余万立方米，环保、经济、社会效益显著。

在靠港船舶使用岸电方面，交通运输部将靠港船舶使用岸电工程列为"十三五"期间绿色交通建设的重点工程之一。截至2018年底，全国已建成岸电设施3700余套，覆盖5200多个泊位。2020年底前，全国主要港口和船舶排放控制区内港口实现50%以上已建成的集装箱、客滚、邮轮、3000吨级以上客运和5万吨级以上散货专业化泊位具备向船舶供应岸电的能力。厦门港从2016年开始投资船舶岸电建设，截至2018年9月，共连船53艘次，总供电时间1480.54小时，供电量113.9万度，替代柴油量208.8吨，有效减排二氧化碳678吨。按照交通运输部《港口岸电布局方案》任务分工，"十三五"期间，厦门港需完成具备岸电供应能力的集装箱专业化泊位10个，邮轮专业化泊位 1 个，3000 吨级以上客运专业化泊位 2 个；厦门港将提前两年并超额完成交通运输部任务指标，使用电能替代是港口节能减排的重要途径。

多年来，宁波舟山港致力于绿色港口建设，目前已在 RTG 油改电、LNG 集卡、船舶岸电、光伏发电等方面取得了显著效果，加快清洁能源替代，控制污染排放。未来，宁波舟山港将在四方面继续深化绿色港口技术的研发和应用：一是继续推进 LNG 集卡应用，预计到 2020 年，全港 LNG 集卡数量达到 800 辆；二是研发 LNG 在堆高机等流动机械上的应用技术，逐步扩大应用规模；三是解决 LNG 拖轮在建造和使用过程中存在的关键技术难题，进一步扩大推广 LNG 港作车船应用；四是积极探索太阳能、空气能、风光互补在设备运行、洗浴、照明等方面的应用。

5.3.1.3　加强港口污染防治

印发《长江经济带危险废物非法转移倾倒运输环节整治工作方案》《关于进一步做好港口污染防治相关工作的通知》，推进港口污染物接收处置工作，强化固体废物非法转移倾倒治理，沿海排放控制区继续扩容。近年来，随着中国环保要求的不断提高，粉尘污染防治力度也不断加大。

船舶防污染措施及设施主要可分为预防事故措施、控制事故措施及应急设备和个体防护措施。事故应急流程分为：①日常预警和监控，包括港口和海事部门对码头和船舶的监管，港口对区域和码头污染的日常监控；②应急响应行动，包括启动应急预案、调动应急人员及物资，跟踪监控、预测溢油漂移扩散趋势，进行溢油围控和清除；③后期行动，包括回收废物的转运及处置，生态恢复或补偿行动计划、索赔及赔付。

5.3.1.4　调整运输结构

运输结构作为防治大气污染的重点，其工作重心是"山西"地区煤炭外运和沿海港口集疏运组织，通过铁路货运干线和专用线建设、发展多式联运以及出台鼓励与约束措施等。在环保方面，随着禁止汽运煤政策的逐步落实，2018 年以来，中国进一步扩大了禁止汽运集疏港区域和货种的覆盖面，要求2019 年底前，京津冀、长三角地区沿海港口煤炭、矿石和钢铁全部改由铁路集疏港。从禁止汽运煤政策已落实区域的具体影响来看，由于中国煤炭资源主要通过"西煤东运"及"北煤南运"完成，且主要集中在大秦线、朔黄线、张唐线和瓦日线。从未来将落实的禁运汽运铁矿石政策影响来看，所涉区域内天津港、唐山港、青岛港、日照港、宁波—舟山港以及连云港港均严格执行。

5.3.1.5 督促检查

交通运输部开展安全治理专项行动，组织开展港口危险货物安全履职情况专项督查，先后印发了危险货物港口建设项目安全预评价、验收评价指南，以及港口大型机械防阵风台风安全工作指南。

5.3.2 现阶段中国绿色港口建设现状

中国在船舶排放控制区划定、运输结构调整、靠港船舶使用岸电、船舶污染物接收处置、新能源与清洁能源推广、运输装备清洁化、粉尘污染防治、船舶污染应急能力建设等方面对绿色港口发展提出了要求。中国同欧美发达国家在船舶排放控制区、船舶温室气体减排、靠港船舶使用岸电、清洁船舶激励等方面均有着不同的实践经验，取得了良好的效果。

中国生态环境部于 2019 年 5 月 29 日在北京发布的《2018 年中国海洋生态环境状况公报》显示，2018 年中国海洋生态环境状况整体稳中向好。海水环境质量总体有所改善，符合第一类海水水质标准的海域面积占管辖海域的96.3%，近岸海域优良水质点位比例为74.6%，同比上升6.7个百分点。

《2018 年中国海洋生态环境状况公报》显示，沿海各省（自治区、直辖市）中，河北、广西、海南近岸海域水质优；辽宁、山东和福建近岸海域水质良好；江苏和广东近岸海域水质一般；天津近岸海域水质差；上海和浙江近岸海域水质极差。该公报还称，2018 年全国 61 个沿海城市中，25 城近岸海域水质为优，分别为锦州、葫芦岛、秦皇岛、唐山、沧州、揭阳、汕尾、惠州、茂名、北海、防城港、海口、洋浦、澄迈、临高、儋州、昌江、东方、乐东、三亚、陵水、万宁、琼海、文昌和三沙。此外，还有 13 城近岸海域水质良好，6 城一般，9 城差（营口、天津、东营、南通、宁波、台州、宁德、潮州和江门），8 城极差（盘锦、潍坊、上海、嘉兴、舟山、深圳、中山和珠海）。污染海域主要分布在辽东湾、渤海湾、莱州湾、江苏沿岸、长江口、杭州湾、浙江沿岸等近岸海域，超标要素主要为无机氮和活性磷酸盐。

沿海、内河港口规模的扩大，特别是在能源结构上不合理，港口机械等主要以汽油、柴油为主，加大了污染排放，亟须采取节能减排管理，实施绿色港口发展举措。

发展模式相对落后，中国港口的发展采用粗放式发展模式；在港口的建设方面，中国部分企业环境保护意识不强，为了追求更好的经济效益，往往忽视了环境的污染问题，所以在运营时造成了废弃物污染等环境问题。

绿色发展理念仍待进一步提升并落到实处，全行业推动绿色发展的自觉性和紧迫感仍需进一步增强；由于港口企业处于全球供应链环节的重要节点，想要达到企业绿色化发展，必定要求企业伙伴乃至整个行业都达到绿色化发展，这一绿色化发展理念并没有得到共识和普及。例如，随着船舶大气污染防治意识的增强，中国公布了船舶排放控制区实施方案，计划分阶段在各大港口地区执行低硫油标准。燃料含硫量要求将由原先环渤海、长三角、珠三角三个区域扩展到全部沿海区域。自 2015 年起，深圳、上海已出台方案，补贴使用含硫量不高于 0.1% 的燃油或岸电的船舶，但遇到了参与率不高的问题。

港口结构性矛盾尚需解决，港口布局有待进一步优化，区域港口资源整合仍需进一步加强。

绿色港口发展的法规标准体系及配套的政策体系仍需进一步完善，体制机制还不够健全，激励力度仍显不足，监管能力和手段还有待提升。

绿色港口科技创新动力仍然不足，资金保障力度有待加大，高层次环保人才仍然缺乏，队伍建设亟须加强。

5.4 面向"一带一路"中国绿色港口建设展望

5.4.1 贯彻落实习近平生态文明思想

习近平主席在主旨讲话中指出，要将"一带一路"建成绿色之路。绿色发展是中国重要的发展理念之一，在发展中努力践行"绿水青山"就是"金山银山"的发展理论，将中国生态文明建设的重要理念和实践成果融入"一带一路"建设之中，不但丰富了"一带一路"建设的内涵，而且必将助推"一带一路"建设高质量发展。

"一带一路"倡议是构建人类命运共同体的重要途径，而绿色之路是构建人类命运共同体的天然构成。贯彻落实习近平生态文明思想，践行"绿水青山"就是"金山银山"的理念，改变港口发展模式，转变港口发展观念；充分做到港口的"资源节约"和"环境友好"；以港口为出发点，使得各种运输方式全面协调发展；深化水运行业推广应用 LNG、绿色港口建设等重点工作，为满足人民日益增长的美好生活环境需要做出贡献，港口发展方式由"大"到"强"的转变。

5.4.2 制定绿色港口标准

进行绿色港口建设过程中，参照国外的绿色港口相关标准，并结合中国实际情况修订一套适合中国国情的绿色港口标准，使绿色港口的建设有章可循。继续完善港口规划和建设项目环境影响评价制度、固定资产投资项目节能评估制度，建立健全港口生态环境保护恢复和补偿机制，积极探索生态环境补偿保障金制度。

注重加强港口岸电等标准的国际接轨，重点加紧研究制定和实施港口装卸设备能耗限值标准、港口装卸机械节能操作规范和检测规程、港口工程环境监理规范、溢油和化学品污染风险评估导则等标准规范，尽快形成较为完善的港口资源利用、环境保护、节能减排技术标准体系，逐步将绿色港口发展纳入标准化和规范化的轨道。

5.4.3 加大港口绿色科技创新力度

认真组织和引导港口企业和科研单位切实加大绿色港口共性、关键和前沿技术的联合攻关，大力研发绿色港口新技术、新材料、新工艺和新设备。

加快推进靠港船舶使用岸电，重点推动解决标准规范、设施建设、政策支持和管理措施等方面存在的问题，通过积极争取扶持政策、加大多部门协同力度、出台强制措施加快推进岸电设施建设和使用；研究推广集装箱轮胎式龙门起重机（RTG）"油改电"、储能回用、变频调速、自动化系统控制等技术，积极开发利用太阳能、风能、地源（海水源）热能等清洁、可再生能源；深化水运行业推广 LNG 方面，通过营造良好政策环境、完善标准规范和监管制度等措施，推进 LNG 动力船舶应用、推进 LNG 在港口的应用、优化监督管理体系、提升装备技术水平。

开展港口粉尘、污水、噪声等污染治理和环境改善的关键技术和设备研究，重点做好防风抑尘网、高压静电除尘、智能洒水喷淋系统等先进适用技术的推广应用工作。开展港口环境风险控制技术研究，提高港口环境风险的应急反应与处置能力。

5.4.4　优化港口结构

要加快推进港口结构调整，着力提升港口发展质量。进一步优化煤油矿箱专业化港口运输系统布局，形成层次分明、功能互补、竞争有序的发展格局。

加大区域性港口资源整合力度，重点做好环渤海、长三角、珠三角、东南沿海、北部湾等区域以及长江干线的港口资源整合；以重庆、武汉等长江航运中心为重点，加快推进内河港口专业化、规模化港区建设，加快内河港口现代化进程；全面开展老旧码头设施的加固改造，加快推进港口装卸工艺的升级改造，有效保障港口的运营安全，充分挖掘既有设施的潜能，提高港口岸线等资源利用效率。

推动港口加快淘汰老旧高排放作业机械，全面开展老旧码头设施的加固改造，加快推进港口装卸工艺的升级改造，有效保障港口的运营安全，充分挖掘既有设施的潜能，提高港口岸线等资源利用效率。

5.4.5　重视环境规划

研究制定节能减排、环境保护和绿色低碳发展的中长期战略和专项规划，强化顶层设计和宏观指导。绿色港口规划示意图如图 5-2 所示。

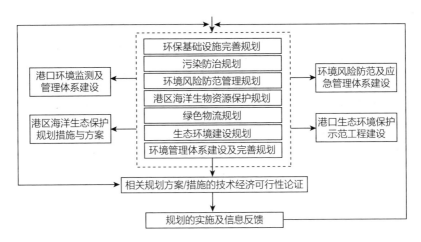

图5-2 绿色港口规划示意图

在港口规划的制定过程中考虑环境因素，可以保持港口建设与环境的协调性，更合理地使用水域、岸线、土地等资源，使港口满足社会经济发展和适应环境保护两方面的要求，实现经济发展与环境保护的双赢。上海港的绿色港口专项规划将以绿色意识和理念、绿色运输和现代物流、绿色设备和装备应用、绿色节能工艺、智能化港口建设、能源与碳排放管理体系6大方面为主要任务，依托21个重点项目，推动上海港的国际海港枢纽功能升级。

5.4.6　加强国际环境保护合作

坚持绿色发展，构建绿色发展之路，将美丽中国建设融入清洁美丽世界建设，以多边机制共同参与到全球生态文明建设与保护的大潮中，不断引领全球气候治理机制的完善和发展，以实际行动落实绿色发展理念，推动全球新旧动能转换，将"一带一路"建设融入全球生态环境保护和可持续发展事业之中，在具体交流、项目运作、工程建设等领域融入绿色理念，不但彰显了中国的国际道义责任，而且顺应了时代发展的大趋势。

一是要以更加开放、包容的姿态，鼓励进入中国港口的各国船舶采用清洁技术；二是要联合主要贸易港口，建立共通、共享的激励机制，形成合力；三是要引导建设区域性绿色航运发展计划；四是要在国际平台上，参与全球海运治理，贡献中国提案。

5.4.7 建立激励与制约机制

挪威从 2007 年开始对各行业征收 NOx 排放税。自推行 NOx 排放税以来，已有 15 个商业组织和挪威环境部签署了 NOx 排放环保协议，由此建立了企业 NOx 排放基金。温哥华港所推行的生态行动项目认可多种清洁燃油和技术，以及各项旨在减少大气污染和碳排放的奖励/评级计划，为船舶提供三个等级的港口税优惠，分别为 23%、35% 和 47% 的折扣。

依法强制报废超过使用年限的船舶，继续落实老旧运输船舶和单壳油轮提前报废更新政策并力争延续内河船型标准化政策，加快淘汰老旧落后船舶，鼓励节能环保船舶建造和船上污染物储存、处理设备改造，严格执行船舶污染物排放标准，限期淘汰不能达到污染物排放标准的船舶，严禁新建不达标船舶进入运输市场，规范船舶水上拆解行为。

总之，以提高土地、岸线、能源、材料等主要资源利用效率，控制和降低污染排放，保护和改善生态环境为核心，优化港口结构，强化创新驱动，提升管理能力，加强协调联动，努力实现港口绿色发展、循环发展和低碳发展。实现战略目标：生态港口基础设施体系进一步完善；绿色低碳装备设备体系进一步完善；集约高效港口运营组织体系进一步完善；绿色港口科技创新能力明显提升；绿色港口管理能力明显增强。

6 面向 "一带一路" 的中国港口制度创新

6.1 自由贸易区与自由港

6.1.1 中国保税物流发展进程

中国早在 1880 年开始陆续设立各种类型的保税仓库。改革开放后对外贸易突破了进口买断和出口卖断的简单模式，"三来一补" 和 "以进养出" 业务率先得到发展，保税业务迅速复苏。中国海关 1981 年制定发布《中华人民共和国海关对保税货物和保税仓库监管暂行办法》，中国自 1990 年开始设立保税区，实行 "免证、免税、保税"，"区港联动" 是发展自由贸易区的国际通行模式，也是中国保税区谋求通过区港一体化向自由贸易区转型的产物，其定位为国际中转、国际配送、国际采购、国际转口贸易等。中国自 2000 年设立出口加工区，是继保税区之后又一个国家级特殊对外开放区域。2003 年，开始成立保税物流中心。保税物流中心主要分为 A 型和 B 型两种模式：A 型以一个物流公司为主，以满足跨国公司的需要为目标；B 型满足多家保税物流企业的运作需要。2005 年 6 月 22 日国务院批准设立洋山保税港区，2007 年 10 月 3 日正式施行《中华人民共和国海关保税港区管理的暂行办法》。随着海南 "自由贸易试验区" 身份的确定，中国自贸试验区形成了 "1 + 3 + 7 + 1" 共 4 批 12 个的新格局。目前已逐步建立 "以自由贸易区为龙头，以保税港区、保税区、综合保税物流园区、保税物流中心（A 型、B 型）为枢纽，以优化后星罗棋布的公共型、自用型保税仓库和出口监管仓库为网点" 的多元化、立体的保税物流体系。

中国保税物流的发展进程如表 6 -1 所示。

表6-1　中国保税物流发展进程

年份	名称	服务对象
1880	保税仓库	国际商品贸易
1981	接近国际规范的保税制度	国际商品贸易
1985	出口退税制度	国际商品贸易
1990	保税区	国际商品贸易
2000	出口加工区	加工贸易
2003	保税物流中心（A型、B型）	跨国企业
2004	区港联动（保税物流园区）	区域经济
2005	保税港区	国际商品贸易
2013	自由贸易区	国际商品贸易
2018	自由港	国际贸易与国际金融

　　保税区是中国发展自由贸易区的一种早期的过渡形式，保税物流园区则是自由港的雏形，而保税港区则是另一种向自由贸易区发展过程中的形式。

　　从实行范围来看，保税区是设在毗邻港口的海关特定监管区域，实行全封闭化管理，与港区完全分离。保税物流园区虽然使保税区和港口对接，然而在管理体制等方面区和港仍然分离，在港区一体化建设方面，尚处于初级阶段。而保税港区则将港和区一体规划，两者都属于保税港区的一部分，深化港区一体化建设，为保税港区的管理体制、海关监管等政策进一步自由提供了条件。

　　基本功能比较，保税区主要发展保税仓储和加工贸易功能，其功能单一，与国际上自由贸易区的功能相去甚远。而保税物流园区突破了保税区功能单一之不足，区内物流企业可开展国际中转、国际配送、国际采购和国际转口贸易，可对进出境及中转货物进行集装箱的分拆和集拼。保税港区则充分利用港和区的资源优势，划分为港口作业区、仓储物流区和出口加工区三大功能区域。港口作业区在港口基本功能的基础上重点拓展国际中转和多式联运功能；仓储物流区主要开展国际配送、国际转口贸易和国际采购业务；出口加工区开展加工贸易，具体功能比较见表6-2。

表6-2　保税区、出口加工区、保税物流园区与保税港区的功能比较

功能优势	保税区	出口加工区	保税物流园区	保税港区
仓储物流	√	×	√	√
对外贸易	√	×	√	√
国际采购	√	√	√	√
分销配送	√	×	√	√
研发、加工、制造	√	√	×	√
港口作业	×	×	√	√
国际中转功能	×	×	√	√
检测和售后维修服务	√	√	×	√
商品展示	√	√	√	√

6.1.2　自由贸易区

6.1.2.1　含义与特征

2003年，成思危先生在《从保税区到自由贸易区：中国保税区改革与发展》一书中，明确提出了保税区转型的目标是"境内关外，适当放开；物流主导，综合配套；区港结合，协调发展；统一领导，属地管理"的自由贸易区，并建议选择有条件的保税区先行试点，取得经验后逐渐向自由贸易区转型。

自由贸易区（Free Trade Area，FTA）分为两种：一种是广义的自贸区，指两个或两个以上国家或地区通过签署自贸协定（FT-Agreement），在WTO最惠国待遇基础上，相互进一步开放市场，分阶段取消绝大部分货物的关税和非关税壁垒，改善服务业市场准入条件，实现贸易和投资的自由化，从而形成促进商品、服务和资本、技术、人员等生产要素自由流动的"大区"（FT-Area）。其特点可概括为自由、便利、通达、境内关外，实质就是促进贸易投资自由化。广义的自由贸易区，比如中国近年来积极推动建立的东盟、中韩、中澳自贸区，中国—秘鲁自贸区、中国—哥斯达黎加自贸区、中国—新加坡自贸区、中国—智利自贸区、中国—瑞士和中国—冰岛自贸区等。日常的原产地证书签发工作就包括签发出口至这些与中国签署了自由贸易协定的国家的原产地证书。

另一种是狭义的自贸区，1973 年国际海关理事会签订的《京都公约》将其定义如下："指一国的部分领土，在这部分领土内运入的任何货物就进口关税及其他各税而言，被认为在关境以外，并免于实施惯常的海关监管制度。"

自由贸易区的最大特色是"境内关外"的特殊海关监管制度，即"一线放开，二线管住"。所谓"一线"，是指自由贸易区与关境外的通道口，"一线放开"是指境外的货物可以自由地、不受海关监管地自由进入自由贸易区，自由贸易区内的货物也可以自由地、不受海关监管地自由运出境外；所谓"二线"，则是指自由贸易区与海关境内的通道口，"二线管住"是指货物从自由贸易区进入国内非自由贸易区，或货物从国内非自由贸易区进入自由贸易区时，海关必须依据本国海关法的规定，征收相应的税收。

6.1.2.2　自由贸易区与保税区的区别

中国保税区和保税仓库起到类似自由港或自由贸易区的作用，但在开放程度、功能设计以及监督管理等方面还存在着较大区别。

一是保税区在海关的特殊监管范围内，货物入区前须在海关登记，保税区货物进出境内、境外或区内流动有不同的税收限制；而自由贸易区是在海关辖区以外的、无贸易限制的关税豁免地区。二是保税区的货物存储有时间限定，一般为 2～5 年；而在自由贸易区内，货物存储期限不受限制。三是由于保税区内的货物是"暂不征税"，保税区对货物采用账册管理方式；而在自由贸易区，自由贸易区主要考虑货畅其流为基本条件，多数自由贸易区采取门岗管理方式，运作手续更为简化，交易成本更低。四是目前许多保税区的功能相对单一，主要是起中转存放的作用，对周边经济带动作用有限；而自由贸易区一般是物流集散中心，大进大出，加工贸易比较发达，对周边地区具有强大的辐射作用，能带动区域经济的发展。

6.1.2.3　中国自由贸易试验区

中国自由贸易试验区（China Pilot Free Trade Zone）是中国设立的自由贸易园区，是指在主权国家或者地区的关境以外划出特定的区域准许外国商品豁免关税自由进出。

目前，中国已经分四批设立了 12 个自贸区。2013 年 9 月 29 日，中国

（上海）自由贸易试验区成立，上海自由贸易试验区，即是狭义自由贸易园区。

2014年12月28日，十二届全国人大常委会第十二次会议表决通过了关于授权国务院在广东、天津、福建三个自贸区，以及上海自贸区扩展区域暂时调整有关法律规定的行政审批的决定。其中广东自贸区立足面向港澳深度融合，天津自贸区与推动京津冀协同发展相契合，福建自贸区着重进一步深化两岸经济合作。其中，广东自贸区涵盖广州南沙新区片区、深圳前海蛇口片区和珠海横琴新区片区，天津自贸区涵盖天津港片区、天津机场片区和滨海新区中心商务片区，福建自贸区涵盖平潭片区、厦门片区和福州片区，上海自贸区的扩展区域则包括了陆家嘴金融片区、金桥开发区片区和张江高科技片区。2017年4月1日，河南、辽宁、浙江、湖北、重庆、四川、陕西7个自贸试验区同日正式挂牌。2018年4月13日制定了《关于支持海南全面深化改革开放的指导意见》，党中央决定支持海南全岛建设自由贸易试验区。至此，中国自贸试验区形成了"1+3+7+1"共4批12个的新格局。

现有12个自贸区之间在发展方向上各有不同的侧重点。如辽宁自贸区侧重打造东北工业基地发展，重点发展航运及装备制造；浙江则重点推进大宗商品贸易自由化，提高全球配置能力；广东侧重粤港澳湾区深度合作及建设海上丝绸之路枢纽。国务院会定期公布各自贸区在各自地区取得的有益改革经验，在全国范围进行推广。

2019年，中国将新设6个自贸试验区和增设上海自贸试验区新片区，对标高标准国际经贸规则，在改革开放方面更多先行先试，将进一步优化中国自贸试验区的布局，更好地服务国家战略，开展差别化探索，形成更多、适用面更广的改革试点成果。

6.1.3 自由港

自由港是设在一国（地区）境内关外、货物资金人员进出自由、绝大多数商品免征关税的特定区域，是目前全球开放水平最高的特殊经济功能区。

最早的自由港出现于欧洲，1547年，西班牙王国正式将热那亚湾的里南那港定名为世界上第一个自由港。在最近的半个世纪以来，中国香港、新加坡、迪拜港、巴拿马科隆港、德国汉堡港、比利时安特卫普港等自由港依托自身得天独厚的区位优势，不断完善贸易便利化举措，营造宽松、自由的贸易发展环境，实现了城市的崛起。因全球的贸易活动与经济发展，自由港的数量已上升至 130 多个。

2017 年 10 月中共十九大报告明确提出"赋予自由贸易试验区更大改革自主权，探索建设自由贸易港。"2018 年 3 月国务院印发的《进一步深化中国（上海）自由贸易试验区改革开放方案》中提出：在洋山保税港区和上海浦东机场综合保税区等海关特殊监管区域内，设立自由贸易港区。国务院对上海自由港的要求是："对标国际最高水平。"预计上海自由港将以中国香港、新加坡为标杆，首先做好离岸贸易，然后做好离岸金融。

2018 年 4 月 13 日制定了《关于支持海南全面深化改革开放的指导意见》，赋予海南经济特区改革开放新的重大责任和使命，建设自由贸易试验区和中国特色自由贸易港，支持海南逐步探索、稳步推进中国特色自由贸易港建设，分步骤、分阶段建立自由贸易港政策和制度体系。

自由港的定位或是全面开放的新高地，作为全球开放水平最高的区域，需要在市场准入、金融制度、税收等方面做出一系列特殊的政策安排。自由港里海关一线真正放开，货物自由流动，取消或最大程度简化入港货物的贸易管制措施，简化一线申报手续，在各种程度上都比自由贸易区更体现出"自由"。

自由港的特点如下：

第一，划定的区域更广泛，自由港通常设在海港（有时也有空港）城市，且包括整个城市，而自由贸易区是在城市周边划定的区域；从地域来看，自由港（Free Port）内可以包含有自由贸易区（FTZ）、保税区和出口加工区。新加坡自由港中有 7 个自由贸易区，除了樟宜机场属于空港，其余 6 个在各个海港内。

第二，自由港的开放程度更高，除了贸易自由外，还包括投资自由、雇工自由、经营自由、经营人员出入境自由等。自由贸易港属一国境内的特殊经济区域，货物监管和行业准入都比较宽松。比如，科隆自由贸易港企业注册不需要营业执照，没有最低投资要求。迪拜港董事局则有较大的决策自主权，采取"政企合一"的"小特区"模式，允许外资不受阿联酋公司法中

"外资低于49%"的比例限制，单独设立独资企业。科隆自由贸易港和纽约自由贸易港货物进出都不受国内配额限制，货物种类除化学等严控品外都可自由进出港区。自由贸易港以发展离岸贸易、离岸金融为方向。在资金自由流动上，主要内容包括：改善外汇管理方式、调整税收优惠政策、完善自贸试验区账户制度、加快人民币离岸业务发展等。

第三，海关监管便利。自由贸易港一般都具有"境内关外"特征，或者至少部分功能区具备"境内关外"特征，以区别于"境内关内"的严格监管，使海关程序更加便利。在该特殊功能区内，报关的要求较为宽松，甚至不用报关。只要不进入关境内消费市场，也不用缴纳进口税，科隆、纽约、迪拜等自由贸易港都具有这样的特殊监管安排。海关还通过信息技术和简化海关程序提高自由贸易港的便利性，比如，新加坡将进出口贸易有关的申请、审核、许可、管制等全部手续电子化，通过电脑终端登录海关系统贸易网络，全部手续最快在10秒内完成。为确保不使违禁品进入港区，海关一般对区内货物采取随时抽查的方式进行监管。

第四，政策优惠普遍。自由贸易港定位之一为国际物流中心，与其他国家港口之间存在竞争关系，因此一般被设置成税收洼地。比如，纽约港区企业向"境内关内"出口时可选择按成品或部件从低缴纳关税，享受区内货物处理费用的优惠。科隆自由贸易港区内企业缴纳的所得税率低于10%，不到"境内区外"的1/3。迪拜杰贝阿里自由区内的所有企业在50年内免交所得税，区内工作人员免交个人所得税。

目前排名世界集装箱港口中转量前列的新加坡港、中国香港港，均实施自由港政策，吸引大量集装箱前去中转，奠定了其世界集装箱中心枢纽的地位。此地位不仅体现在箱量上，世界主要班轮公司的亚洲甚至全球总部也多设在新加坡或中国香港，带动了当地航运有关保险、金融、船舶租赁等行业的蓬勃发展。

作为自由贸易港的中国香港是全球经济开放程度最高的地方之一，便是得益于其依托离岛身份建立离岸贸易、离岸金融等模式的成功。据相关数据显示，以增加值和雇员人数计算，贸易和物流业是中国香港四大经济之首。2016年贸易和物流业占中国香港本地GDP的22%，提供约730700份职位。同年仅物流业便占本地GDP的3.2%，提供147800份职位。2017年，运输服务占本港服务输出的 29.1%。而另一全球自由港新加坡则是依靠地理优势大量吸引中转贸易，促进物流、资金流和人流的集聚，带动区域的经济发展，同时也确立了自己中转枢纽的地位，以达到"港城结合""以港兴城"的目的。中国香港与新加坡的经验完全可以被海南自贸港所借鉴，依托海南面朝南海、联通海上丝绸之路的地理优势，吸引大量货物被引入海南进行储存、加工、转口，提升港口吞吐量和港口全球竞争力。

6.2　港口管理模式的演进

6.2.1　从传统模式向地主港模式发展

目前，港口管理模式可以划分为以下四大类：

公共服务港：公共部门不仅投资、维护和管理港口基础设施和所有经营性设施，而且还是港口具体业务的直接经营者。典型港口是 1997 年港口改革前的新加坡港。

设备港：公共部门负责投资、维护和管理港口基础设施和所有经营性设施，而私人部门通过租赁大型的经营设施和设备来从事港口生产性业务。典型港口是法国的自治港。

地主港：公共部门负责港口规划和投资港口基础设施，把港口经营权出让给私人部门，并收取特许经营费和租赁费。私人部门通常获得特许权后，长期租用港口土地、基础设施并自行解决经营所需的所有岸上设施，提供港口经营服务。典型港口包括鹿特丹、安特卫普、纽约等。

私人服务港：政府部门除了保留规制职能外，完全退出港口领域。私人部门投资和拥有包括港口土地、基础设施和经营性设施在内的全部港口资产，并完全按照私人部门的商业目标进行港口经营。典型港口包括英国和新西兰的部分港口。

在上述的四种主要的港口管理模式中，公共服务港可以被看作是港口管理的传统模式，是港口民营化改革的现实起点和初始状态。私人服务港作为另一个极端，过分削弱了政府部门本应在港口产业发挥的作用，在实践中也出现了不少问题。设备港模式没能恰当区分和界定港口设施的经济属性，只能算作一种特殊情况，适用范围有限。

地主型港口模式对政府和私人部门在港口产业的作用定位比较符合经济理论的要求，能够便于利用双方的优势。地主港模式，是政府委托特许经营机构代表国家拥有港区及后方一定范围的土地、岸线及基础设施的产权，对该范围内的土地、岸线、航道等进行统一开发，并以租赁方式把港口码头租给国内外港口经营企业或船公司经营，实行产权和经营权分离，特许经营机构收取一定租金，用于港口建设的滚动发展。港口当局不以盈利为目的，不参与市场竞争，而是通过规划和建设来实施政府对港口的管理职能。其土地或码头的租金收入全部用于港口基础设施的再建设，通过土地运作实行滚动开发。

地主型港口可分为政府管理的港口和公共企业管理的港口两种：一种是政府管理部门管理的地主型港口。如美国的港口，德国的国有港，荷兰、比利时、瑞典、芬兰、丹麦等国的港口等大都采用这种模式。鹿特丹港区基础设施和土地岸线的所有权归鹿特丹市政府所有，鹿特丹港务管理局对港区内的土地、码头、航道和其他设施统一开发，建设港口和工业园区，实施高效、安全、便捷的船务运输管理。港务局以租赁的方式将港口交由私营企业经营，参与经营的私人企业只需投资码头上部的机械设备、库场和其他配套设施。另一种是公司制形式管理的地主型港口。如德国的租赁港、俄罗斯和东欧国家的港口以及日本的埠头公社的码头等，具有代表性的是波兰的港口模式。

地主港模式的优点主要包括：第一，确立了港口基础设施建设的固定融资渠道，从而有利于保障港口的可持续发展；第二，适应国际港口管理的发展趋势，港口实行民营化、国际化，便于国际物流的进出口操作；第三，港口经营者可以摆脱官僚作风约束，形成相对自由的商务环境，对港口用户的需求反应快捷；第四，与港口相关的各类资源也可通过市场运作来整合，通过资本嫁接、企业并购等方式，促进邻近港口资源、临港产业资源、综合交通资源甚至境外港航资源的整合，从而减少重复投资，促进港口能力的充分利用；第五，采用地主港模式后，港口除了能够提供快速运输和可靠的货物中转外，还将形成一个沿物流链运行的复杂的服务网络，这种组织形式也为几乎所有的船舶及码头运营商增加了在港内相互竞争的可能性；第六，可以为港口发展带来重要战略合作伙伴，这些伙伴往往是大型物流企业、航运企业、货主和著名码头经营公司。

6.2.2 从贸易壁垒管理向自由贸易区演进

1776年3月"现代经济学之父"亚当·斯密的《国富论》一经出版，就注定会改变世界的港口发展，其所提倡的"消除贸易关税"和"自由贸易"虽然到现在没有完全实现。但是，港口从"保税仓库—保税区—保税港—区港联动—自由贸易区"，各国逐渐消除贸易壁垒，世界上有600多个自由贸易港或保税港区，并且有香港、新加坡、亚丁、贝鲁特、汉堡、巴拿马等20多个自由贸易港口，荷兰的鹿特丹港则被称为"比自由港还自由"的港口。而港口的管理更加注重进出口监管和服务。

香港港执行自由港政策，政府直接投资建设港口设施。新加坡港执行自由港政策，并采取各种优惠措施，如开辟大面积的保税区，对中转货物提供减免仓储费、装卸搬运费和货物管理费等，以吸引世界各国船公司，进一步巩固其国际航运中心地位。

6.2.3 从港区管理到腹地管理演进

世界港口的发展，从最早的港口业务的处理和管理逐渐发展成为对于腹地的直接或间接管理。如上海港地处长江三角洲沿海与长江交汇处，以上海港为中心，北起连云港、南至温州港，西溯南京港，已形成了规模大、功能全、辐射广的长江三角洲港口群。从而形成了三层次腹地管理层，第一层次的腹地管理是对上海港及其相邻港口的吸引范围广及整个长江流域及陇海、浙赣铁路沿线地区物流管理。第二层次的腹地管理是对于江苏、浙江、安徽和江西四省是上海港及其相邻港口交叉的腹地管理。上海港第三层次的腹地，也是直接的腹地——上海市的管理。

腹地经济是港口赖以生存的基础，没有腹地的港口是孤岛；优化航线，完善集疏运体系，加强腹地建设。继续推进"无水港"网络化布局，覆盖广泛的物流网络，在港口腹地的陆港通道建设上拓展延伸。

6.3 充分发挥政府的宏观指导与协调作用

在港口发展中，政府始终扮演着重要角色。港口的发展离不开政府与企业的互相配合和共同协作。政府通过政策引导、体制建设等，积极为中国港口的发展提供良好的宏观环境。

港口管理体制改革的目的，是为了解除政企合一体制对港口企业的束缚，为港口企业的发展创造良好的政策环境和市场环境。政府是行业发展的规划者、政策法规的制定者、港口基础设施的重要投资者和物流企业发展各项配套服务的提供者。

纽约/新泽西港的特点是港务局只负责建设和管理码头，不直接参与码头装卸作业，港口作业完全由专业公司租赁港务局的码头经营。这种做法有利于港务局从港口发展的角度，以公共的观点对港口进行行业管理和宏观调控，同时发挥专业公司经营港口的高效性，有利于建立完善的航运市场体系，充分发挥市场机制对资源配置的基础性作用，以便进一步促进港口的发展，给当地的经济、就业、税收和稳定等带来更多的益处；政府在注重港口直接经济效益的同时，更注重社会的间接经济效益。这种模式对于中国改革港口经营管理方式有着重要的借鉴意义。

我国交通运输部对全国港口实行统一行政管理，负责制定全国港口行业的规划，按有关规定调控岸线资源的合理利用，对大中型港口建设项目提出行业审查意见，制定港口行业发展政策和法规，并实施监督；2019 年 7 月 10 日，国务院办公厅印发《交通运输领域中央与地方财政事权和支出责任划分改革方案》，合理划分交通运输领域中央与地方财政事权和支出责任，自 2020 年 1 月 1 日起实施，共涉及公路、水路、铁路、民航、邮政、综合交通六个方面的中央与地方财政事权和支出责任。要适度加强省级政府承担交通运输基本公共服务的职责和能力，避免将过多支出责任交由基层政府承担。省级人民政府交通（港口）主管部门负责本行政区域内港口的行政管理工作；省级或港口所在城市人民政府港口主管部门按照"一港一政"的原则依法对港口实行统一的行政管理。

政府顺应国际集装箱运输与国际多式联运的发展趋势，对港口进行正确定位，制定港口物流发展政策，实现国土、财税、工商、城管等各个管理工作、环节的有机结合和有效衔接；调整优化港口结构，重视各部门之间的协作，促进物流联盟的形成，提供高质量的综合物流服务。政府与企业合作整合港口现有资源，增强基础设施能力，整合港口现有的条件，对港口的配套设施进行技术改造，完善港口集疏运设施，合理安排作业流程，提高设备利用率，增强港口通过能力，缩短船舶货物在港停留时间；加强包括集装箱码头数量、装卸能力、码头堆场、航道水深等在内的港口基础设施建设。

港口主要是为所在城市和腹地地区经济发展提供服务，港口下放给地方，其港口管理则应视为城市管理的一部分，港口预算应纳入城市预算中，至于港口采取何种经营方式（租赁经营、资产承包经营等）则由地方政府根据自身特点自行确定。通过地方政府投资港口基础设施，再辅之以优惠政策，对外进行招商引资，最终把港口建设成为以港区为核心的工业生产、加工区域和商品分配、运输中心。港政与港企分开，港口下放地方，基础设施国有化，港口企业作为独立的市场主体，依法从事经营。政企分开、多家经营、一港一政、统一管理，符合中国经济体制改革的方向。

政府职能重在宏观调控，重在对交通运输与港口基础设施建设的规划、投资建设上，使之与国民经济发展相适应，充分发挥港口为社会服务的功能。

2018年12月，中共中央办公厅/国务院办公厅印发《关于深化交通运输综合行政执法改革的指导意见》，交通运输部印发《贯彻落实〈关于深化交通运输综合行政执法改革的指导意见〉的通知》，目的是要深化行政体制改革，整合精简执法队伍，解决多头多层重复执法问题，避免在改革过渡期出现安全监管领域分工不明确、监管空缺、工作脱节等现象，确保水运安全形势总体稳定。

6.4 港口收费制度改革

在2015年11月10日召开的中央财经领导小组第十一次会议上，习近平总书记首次提出了供给侧结构性改革。在供给侧改革中推动港口转型升级，

"供给侧改革"补短板、降成本，优环境、强服务，抓创新、增动能，提效率、促融合。这里探讨有效降低物流成本、提升服务功能、应对结构调整。港口进一步规范、降低港口收费的同时，进一步优化营商环境，提升港口服务水平。

近几年中国连续出台多项法规，进一步理清行政事业性收费改革中政府与企业、货主的关系，考虑港口企业成本支出的实际情况，以保持港口生产和竞争的积极性、保证扩大生产；同时降低行政事业性收费在港口整体费用的比重，完善港口收费体系。扩大减征和免征港建费货物的种类，把铁矿石、煤炭、钢材等大宗能源性货物列入减征、免征名单，出台更多的减税减费政策，这将有利于供给侧改革的实施。

港口建设费对于货主单位而言，要与其他港口费用一起计入货物成本中。据测算，目前港口建设费要占到计费货物总费用的 1/3 左右。以长三角主要港口为例，港口建设费占港口作业包干费比重在 20%～30%。2015 年 12 月中旬，财政部与交通运输部联合下发了《关于完善港口建设费征收政策有关问题的通知》，对符合规定的国外进口货物、国内出口货物在其他转运港口均不再重复征收港口建设费。取消港口建设费的征收，降低货主单位的物流成本，进一步理顺港口的收费标准，减轻货主的负担。

2018 年交通运输部继续规范港口服务性收费，会同国家发改委印发了《进一步放开港口收费等有关事项的通知》，进一步完善港口价格形成机制，明确驳船取送费和特殊平仓费由政府定价改为市场调节价，并入港口作业包干费计费范围，精简后的港口经营服务性收费项目由 17 项减至 15 项，进一步规范拖轮使用和收费管理。上海、天津等 7 家港口主动调减港口作业包干费，进一步减轻外贸、航运企业成本。天津等沿海城市先后出台口岸"阳光价格清单"制度，进一步规范收费行为，改善营商环境。在拖轮费用方面，包括上海港、天津港及连云港港等沿海港口及嘉兴港等内河港在内的港口均有明显下降；而在外贸集装箱费率方面，除港口费率调整相关文件颁布的影响外，还叠加反垄断调查影响，从实际受到影响的港口来看，在经反垄断调查后，上海港、天津港、宁波—舟山港及青岛港自 2018 年起均下调外贸进出口集装箱装卸费用，下调的幅度在 10%～20% 左右。

为进一步降低物流成本和国务院关于优化口岸营商环境的工作部署，进一步清理规范港口经营服务性收费,切实增强企业减负获得感,2019年3月18日,交通运输部会同国家发展改革委对《港口收费计费办法》进行了修订,将货物港务费、港口设施保安费、引航(移泊)费、航行国内航线船舶拖轮费的收费标准分别降低15%、20%、10%和5%。进出沿海港口的80米及以下内贸船舶(化学品船、液化气体船除外)、进出长江干线港口的150米及以下内贸船舶,由船方在确保安全的前提下,根据实际情况决定是否使用拖轮。2019年,我国水运行业深入推进供给侧改革,坚持深化市场化改革、扩大高水平开放,着力推进高质量发展。港航降本增效方面,货物港务费、港口设施保安费、引航费、航行国内航线船舶拖轮费等4项实行政府定价和政府指导价的港口经营服务性收费标准,分别降低了15%、20%、10%、5%;港口经营服务性收费项目从15项减并至11项;取消下放5项水运行政许可事项。

中国港口协会编制了《2019中国港口企业营商环境报告》,港口企业主动作为,减单证、优流程、提时效、降成本,开展了大量卓有成效的工作。根据中国各港口口岸集装箱货物进出口操作现状,在集装箱货物进出口环节中涉及的收费主体主要包括货代、船代、船公司、港口企业、理货公司、拖轮公司等。

装卸作业费是港口企业最主要的经营性收费和收入来源,中国大陆沿海主要港口外贸集装箱装卸作业费普遍较低。除深圳港外,其余大陆沿海港口集装箱装卸作业费都在500元/TEU左右,而港澳台及国外主要港口集装箱装卸作业费都在630元/TEU以上,鹿特丹港、汉堡港、洛杉矶港等欧美主要港口均超过1100元/TEU。德国汉堡港更是超过2000元/TEU。国内外主要港口集装箱装卸作业费比较如图6-1所示。

2018年国务院办公厅印发《推进运输结构调整三年行动计划(2018—2020年)》,要求推动集疏港铁路建设,推进大宗货物集疏港运输向铁路和水路转移,并对铁路货运提出增加11亿吨的目标。2018—2020年运输结构调整将对现有港口结构造成较大影响,而使货物更多向集疏运体系较为完善的港口集中,上游大宗散货、制造业流量流向变化对港口行业产生了影响。

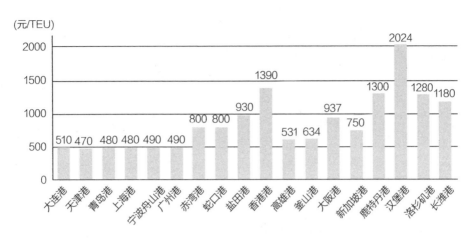

图6-1　国内外主要港口集装箱装卸作业费比较

　　福建出台一系列优化口岸营商环境、支持外贸发展的政策措施,大幅压缩整体通关时间,大力度降低口岸收费水平,全省集装箱进出口环节合规成本降低100美元以上,提效降费成效显著。针对进境空箱"手续繁、通关慢、费用高"这一全国口岸普遍存在的通关难题,福州海关在全国率先推出空箱全流程智能化监管快放模式,对空箱监管实施流程再造、全流程智能化监管和快速放行,统一海关风险布控和现场执法,有效实现把关和快放,实现进境空箱通关全流程无纸化、监管智能化、放行自动化、时长最小化。

7 面向 "一带一路" 的中国港口组织创新

7.1 面向 "一带一路" 的港口集群化发展

7.1.1 五大港口群集群化发展

航运的全球联盟化趋势凸显,顺应这种港口之间、航运公司之间的联盟趋势,率先推进港口的集群化发展。

7.1.1.1 环渤海港口群

环渤海港口群:辽宁半岛主要以大连港为主,营口港为辅,同时包含锦州、丹东等港;津冀以天津北方国际航运中心为主,辅以秦皇岛港,含唐山、黄骅港;山东沿海主要以青岛港为主,烟台、日照港为两翼,含威海等港口。环渤海地区港口成群、码头遍地,平均每40公里就有一个港口。

辽宁沿海港口群以大连、营口港为主布局大型、专业化的石油(特别是原油及其储备)、液化天然气、铁矿石和粮食等大宗散货的中转储运设施,相应布局锦州等港口;以大连港为主布局集装箱干线港,相应布局营口、锦州、丹东等支线或喂给港;以大连港为主布局陆岛滚装、旅客运输、商品汽车中转储运等设施。津冀沿海港口群以天津北方国际航运中心和秦皇岛港为主,包括唐山、黄骅等港口组成主要服务于京津、华北及其西向延伸的部分地区。

津冀沿海港口群以秦皇岛、天津、黄骅、唐山等港口为主布局专业化煤炭装船港;以秦皇岛、天津、唐山等港口为主布局大型、专业化的石油(特别是原油及其储备)、天然气、铁矿石和粮食等大宗散货的中转储运设施;以天津港为主布局集装箱干线港,相应布局秦皇岛、黄骅、唐山港等支线或喂给港口；以天津港为主布局旅客运输及商品汽车中转储运等设施。

山东沿海港口群以青岛、烟台、日照港为主及威海等港口组成，主要服务于山东半岛及其西向延伸的部分地区。山东沿海以青岛、日照港为主布局专业化煤炭装船港，相应布局烟台等港口；以青岛、日照、烟台港为主布局大型、专业化的石油（特别是原油及其储备）、天然气、铁矿石和粮食等大宗散货的中转储运设施，相应布局威海等港口；以青岛港为主布局集装箱干线港，相应布局烟台、日照、威海等支线或喂给港口；以青岛、烟台、威海港为主布局陆岛滚装、旅客运输设施。2018年青岛港、烟台港和日照港的年吞吐量均超过3亿吨，吞吐量分别为4.86亿吨、4.5亿吨和4.37亿吨。

2018年，环渤海17个集装箱码头，实现集装箱吞吐量3871万TEU，其中外贸箱1382万TEU，内贸箱2489万TEU。集装箱量最主要的贡献来自天津港的五大集装箱码头，约1317万TEU，大连港集装箱码头951万TEU，另一个则是营口港三大集装箱码头共计604万TEU。以海洋联盟为例，有14条航线挂靠青岛港、4条挂靠天津港、1条挂靠大连港，已经成为大型船舶青睐的枢纽港。

7.1.1.2　长江三角洲港口群

长江三角洲地区港口群以上海港、宁波舟山港、连云港为主，发挥温州、南京、镇江、南通、苏州、台州等沿海和长江下游港口作用。一方面，该区域拥有较多较大吞吐量、业务多元化的港口，竞争力较强；另一方面，由于该区域港口群腹地辐射范围广且分散，港口群之间可以协调发展。

长江三角洲地区港口群集装箱运输布局以上海、宁波、苏州港为干线港，包括南京、南通、镇江等长江下游港口共同组成的上海国际航运中心集装箱运输系统，相应布局连云港、嘉兴、温州、台州等支线和喂给港口；进口石油、天然气接卸中转储运系统以上海、南通、宁波、舟山港为主，相应布局南京等港口；进口铁矿石中转运输系统以宁波、舟山、连云港港为主，相应布局上海、苏州、南通、镇江、南京等港口；煤炭接卸及转运系统以连云港为主布局煤炭装船港和由该地区公用码头、能源等企业自用码头共同组成；粮食中转储运系统以上海、南通、连云港、舟山和嘉兴等港口组成；以上海、南京等港口布局商品汽车运输系统，以宁波、舟山、温州等港口为主布局陆岛滚装运输系统；以上海港为主布局国内外旅客中转及邮轮运输设施。根据地区经济发展需要，在连云港港适当布局进口原油接卸设施。

长江三角洲地区港口群集装箱运输布局以上海、宁波、苏州港为干线港，包括南京、南通、镇江等长江下游港口共同组成的上海国际航运中心集装箱运输系统，相应布局连云港、嘉兴、温州、台州等支线和喂给港口。包含上海市、江苏省、浙江省港口货物吞吐量规模较大，区域内拥有超级深水码头，开辟众多国际航线，其腹地主要为苏北、陇海线沿线及其以南区域、长三角、长江流域和浙江省。腹地经济发达，对外贸易规模较大，进出口运输需求持续扩张，港口货源以集装箱、干散货为主。2018 年，长三角港口群 37 个集装箱码头，实现集装箱吞吐量 8561 万 TEU，其中，外贸箱 6874 万 TEU，内贸箱 1687 万 TEU，外贸箱占比 80%，含金量非常高。长三角港口群中，2018 年，上海港集装箱吞吐量约 4200 万 TEU，宁波舟山港 2635 万 TEU，占据了整合长三角港口群的 79% 左右。另有江苏省港口集团，2018 年完成集装箱吞吐量 664 万 TEU。除了这三大港口集团外，仅有 13% 的箱量"流落在外"。

长江三角洲地处太平洋西海岸，是中国长江、沿海通道和欧亚大陆桥的汇集点，由江苏、浙江、上海组成，其经济发展速度居全国之首，在中国的经济增长中起着带头的作用。

7.1.1.3 东南沿海港口群

作为全国沿海港口布局中不可或缺的组成部分，东南沿海港口群近年来充分发挥港口深水岸线资源优势，以集装箱、陆岛运输和海峡间对台客货运输为重点，逐渐将港口资源优势转化为更大的经济优势，为建设海峡西岸经济区做出了重要贡献。东南沿海港口群全部集中于港口岸线资源丰富、优良深水港湾众多的福建省，东南沿海港口群以厦门、福州港为主，包含泉州、莆田、湄洲湾等港口。该区域内拥有天然深水良港，其主要服务于福建、江西及台湾等，港口煤炭专业化接卸用于沿海电厂。

福建沿海地区港口群煤炭专业化接卸设施布局以沿海大型电厂建设为主；进口石油、天然气接卸储运系统以泉州港为主；集装箱运输系统布局以厦门港为干线港，相应布局福州、泉州、莆田、漳州等支线港；粮食中转储运设施布局由福州、厦门和莆田等港口组成；布局宁德、福州、厦门、泉州、莆田、漳州等港口的陆岛滚装运输系统；以厦门港为主布局国内外旅客中转运输设施。特别是作为东南沿海港口群集装箱主枢纽港的厦门港，随着码头设施及集疏运条件的日益完善，港口集装箱运输生产效益大大提高。以泉州港为主的进口石油、天然气接卸系统。

东南沿海港口群促进临港工业的发展，国内外投资者在福建沿海投资建设石化、钢铁、汽车等重化工业项目，大批关联企业向沿海临港工业园区集聚。满足外向型经济发展，福建是典型经济外向型省份，大宗货物都是通过港口中转，经济外向依存度从最初的 10% 发展到目前的 70% 左右。适应两岸经贸交流的需求，福建已开通与台湾海上集装箱班轮试点直航、两岸三地弯靠集装箱班轮运输航线，成为祖国大陆与台湾交流往来最便捷、最经济的海运通道。

近年来，该港口群的集装箱运输发展稳健，一步上一个新台阶。东南沿海区域中，规模较大的 14 个集装箱码头，2018 年完成吞吐量 1601 万 TEU，其中外贸箱 908 万 TEU，内贸箱 693 万 TEU。在东南沿海港口群中，厦门港五大码头完成集装箱吞吐量 1021 万 TEU，占据了东南沿海港口群中的大半壁江山。福州港四个码头完成 295 万 TEU，泉州两个码头完成 164 万 TEU。

7.1.1.4 珠江三角洲港口群

珠江三角洲地处内地与东南亚中心，能通过中国香港、中国澳门地区连接世界。

珠江三角洲港口群主要依托香港国际航运中心的优势，以广州、深圳、珠海、汕头港为主，相应发展汕尾、惠州、虎门、茂名、阳江等港口。该区域毗邻港澳，包含粤东和珠三角，拥有较多服务于进出口的规模港口，直接腹地为广州、佛山等珠三角中部地区，有广阔转运腹地，包括京广铁路和京九铁路沿线的广东、广西、湖北、湖南、江西等，辐射华南、西南和中南地区。

以港口为中心的现代物流业，已成为珠三角港口群所在城市的重要支柱产业之一，对于该地区综合实力的提升、综合运输网的完善等，正发挥着越来越重要的作用。该地区煤炭接卸及转运系统由广州等港口的公用码头和电力企业自用码头共同组成；集装箱运输系统以深圳、广州港为干线港，汕头、惠州、虎门、珠海、中山、阳江、茂名等为支线或喂给港组成；进口石油、天然气接卸中转储运系统由广州、深圳、珠海、惠州、茂名、虎门港等港口组成；进口铁矿石中转运输系统以广州、珠海港为主；以广州、深圳港等其他港口组成的粮食中转储运系统；以广州港为主布局商品汽车运输系统；以深圳、广州、珠海等港口为主布局国内外旅客中转及邮轮运输设施。

经过十余年的稳步发展，珠三角的集装箱港口已初步具备了香港国际航运中心、深圳区域性航运中心和广州港等众多城市港口为补充的集装箱港口群。在激烈的市场竞争环境下，各集装箱港口在经营上突出分工与合作。珠三角港口群 16 个码头，2018 年实现集装箱吞吐量 4826 万 TEU，其中，外贸箱占 3230 万 TEU，内贸箱占 1596 万 TEU。其中，广州港南沙的四个集装箱码头完成 1685 万 TEU，深圳港 5 个集装箱码头完成 2574 万 TEU。2018 年，香港港完成集装箱吞吐量 1964 万 TEU，吞吐量下跌 5.44%。深圳港口以外贸集装箱为主，根据海洋联盟的航线挂靠来看，深圳东西部港区共有 25 条外贸航线挂靠，广州南沙港区有 7 条。

7.1.1.5　西南沿海港口群

该港口群由粤西、广西沿海和海南省港口组成，该地区港口的布局以湛江、防城、海口港为主，相应发展北海、钦州、洋浦、八所、三亚等港口，服务于西部地区开发，为海南省扩大与岛外的物资交流提供运输保障。该地区港口集装箱运输系统布局以湛江、防城、海口及北海、钦州、洋浦、三亚等港口组成集装箱支线或喂给港；进口石油、天然气中转储运系统由湛江、海口、洋浦、广西沿海等港口组成；进出口矿石中转运输系统由湛江、防城和八所等港口组成；由湛江、防城等港口组成的粮食中转储运系统；以湛江、海口、三亚等港口为主布局国内外旅客中转及邮轮运输设施。

由于该区域港口群属于资源腹地型，直接腹地的广西以及海南经济实力偏弱，港口群的发展更多依赖于经济的开放程度和国家政策的支持。区域内拥有华南西部沿海最大的对外贸易口岸和水陆运输主枢纽港，对外贸易发达。随着西南沿海港口集装箱及港口的快速发展，港口已成为中国与东盟开展经济贸易交流的"黄金通道"。

由于背靠腹地深广、资源富集、发展潜力巨大的广西、贵州、云南、四川、重庆、西藏六省区市,又面向不断升温的东盟经济圈,集装箱运输有着巨大的发展空间。目前,西南沿海港口群 5 大集装箱码头完成吞吐量 549 万 TEU,其中外贸箱 80 万 TEU,内贸箱 469 万 TEU。其中,有三个码头集装箱吞吐超百万标准箱:广西钦州完成 137 万 TEU,湛江国际集装箱 101 万 TEU,海口集装箱码头 184 万 TEU。广西港口内贸箱占据绝对份额,活跃度远不足其他四大港口群。

7.1.2 中国港口群面向"一带一路"的战略定位

7.1.2.1 环渤海港口群定位

中蒙俄经济走廊与新亚欧大陆桥经济带交叉,助力京津冀一体化战略。

天津港区位优势明显,是丝绸之路经济带的东部起点和海上丝绸之路的重要启运港。向西向北陆路连接中西亚各国、蒙古国、俄罗斯、欧洲各国,向东向南海上辐射东北亚、东南亚、欧洲、美洲、非洲。海上丝绸之路航线已成为天津港海上航线网络的主要组成部分,成为中国北方对外开放的重要通道。天津港要建设北方国际航运核心区,构建以海空两港为核心、轨道交通为骨干、多种运输方式有效衔接的海陆空立体化交通网络,全面提高航运服务辐射功能和全球资源配置能力,为京津冀一体化创造条件,将对中国开辟从东到西、从南到北的对外开放新格局,形成南北互动、东西相连的深度开放与发展的区域经济发展新格局发挥重要作用。

大连是东北及内蒙古东部地区重要的海上门户,大连港 2013 年 7 月开通首列中欧过境班列以来,已开拓了"辽满欧""连哈欧""辽蒙欧""辽新欧"等多条中欧班列,形成了服务网络覆盖东北地区及俄、欧、蒙、中亚的国际多式联运物流大通道。从运距看,大连港离满洲里最近,来自华南、华东、华北等地的汽车零件、机械设备、日用小商品,通过"辽满欧"国际联运通道源源不断地运抵欧洲。从海上运输讲,一方面开辟往欧洲、地中海、中东的海运干线,同时发展环渤海内支线,围绕环渤海 12 个港口开展合作,也积极和日本、韩国几个重要的港口进行合作交流,增强辐射东北亚的能力。

环渤海地区港口物流战略目标定位在:加强大连港、天津港、青岛港联合,努力建成东北亚国际港口物流的枢纽。环渤海港口群不仅受益于"一带一路"中蒙俄经济走廊、新亚欧大陆桥经济带交叉影响,京津冀一体化战略、天津自贸区、中韩自贸区、山东半岛蓝色经济区的建设都将给环渤海港口经济发展赋予更大的动力。

7.1.2.2 长三角港口群战略定位

定位:新亚欧大陆桥经济带直接出海口,长江经济带龙头,中亚—西亚经济走廊。

长江三角洲港口群已经形成围绕建设以上海为中心、江苏、浙江为两翼的国际航运中心的格局,囊括了上海、连云和宁波—舟山重要港口。

长三角地区是中国最发达的经济区之一,与"一带一路"沿线国家和地区具有很强的经济互补性,双方的经济互动在"一带一路"中占有重要位置,这为长三角区域各港口拓展新货源、开展新合作提供了新机遇。自"一带一路"倡议提出以来,各港口积极对接融入,全力打造最佳结合点,成绩斐然。

长三角港口群是桥头堡,是助推器。随着中国外向型经济的发展,"一带一路"、长江经济带建设等国家战略不断推进,长三角港口群将发挥越来越大的作用。长三角港口群从国内来说,处于南北干线和长江干线的交叉点,可谓四通八达;国际上则覆盖了亚欧航线、中东航线、非洲航线、东南亚航线,绝大部分都在海上丝绸之路的轨迹上。长三角港口群是实现内陆与国际贸易接轨的重要桥梁和枢纽。如连云港作为新亚欧大陆桥东桥头堡和环太平洋地区重要的海上门户,拥有陆海交汇联动的先天优势和基础功能,是中欧陆上海铁联运大通道的出海口。上海港地处中国海岸线中部,是中国发展最重要经济带——"长江经济带"的入海门户,毗邻全球东西向国际航道主干线,集疏运网络四通八达。宁波舟山港,便抓住机遇,利用其地理上具有连接东西、辐射南北、贯穿丝路两翼的优势,着力打造海陆双枢纽最佳叠加点。宁波舟山港加大与全球航运巨头合作,加强丝路沿线国家和地区航线航班开发力度,成为名副其实的"21世纪海上丝绸之路"国际枢纽大港。

长三角港口群作为我国沿海五个港口群中港口分布最密集、吞吐量最大的港口群,肩负起服务国家"一带一路"建设的重要任务。长三角港口群正以"水"为媒,与"一带"国家紧密合作,以"一路"加强海上互通,让中国的对外经济贸易通达四海,更让中国互利共赢的大国理念享誉全球。

7.1.2.3　珠三角港口群战略定位

对接中南半岛经济走廊，毗邻马六甲海峡。

广东将优化沿海的港口布局，以广州港、深圳港为龙头，包括珠海港、湛江港、汕头港、潮州港，联合香港，构建互利共赢的格局，将这几个港口建设成为海上丝绸之路的重要支点。

该港口群对接"一带一路"中国中南半岛经济走廊，与珠江三角洲经济区、北部湾经济圈、海西自贸区和福建自贸区的建设密切相关。

7.1.2.4　东南沿海港口群战略定位

海上丝绸之路核心区，两岸经贸合作、交流共享的主通道。

福建是"海上丝绸之路"的起点，与世界各地海上交往有着悠久的历史。近年来，福建省大力推进港口基础设施建设，完善港口配套设施，扶持航运业做强做大，外贸货物吞吐量增长迅速。福建省积极推动了"丝路海运"的发展，截至 2019 年 6 月 10 日，第一、第二批总计 34 条命名航线共开行 593 个航次，完成集装箱吞吐量 46.28 万标准箱，比上年同期增长 10.07%。今年以来，"丝路海运"多式联运发展态势良好，海上、陆地的多种物流方式在厦门港有机衔接，逐步形成陆海内外联动、东西双向互济的开放格局。2019 年 6 月 21 日上午，"丝路海运"工作会议在厦门举行，会上发布了第三批"丝路海运"命名航线（福州港 1 条，厦门港 15 条）、"丝路海运"港口中转服务标准（厦门港）以及福建"丝路海运"多式联运港站服务标准。福建通过建设丝路智慧口岸，将在国际交流合作层面，持续推进与丝路沿线国家和地区口岸信息的互联互通，带动在市场、规制、标准等方面的软联通；在海峡两岸交流层面，将致力于成为两岸经贸合作、交流共享的主通道，进而实现两岸应通尽通，融合发展；在口岸经济发展方面，提供国际贸易全链条服务，培育口岸新产业、新动能、新增长极，带动贸易结构的转型升级，成为"口岸经济"的新引擎。

2015 年厦门港与马来西亚巴生港结为友好港。2016 年，作为"21 世纪海上丝绸之路"重要港口的厦门港与海口港，发挥各自航线、货源、区位等优势，签订友好协议，共同布局东南亚航线。厦门积极推进"21 世纪海上丝绸之路"与"丝绸之路经济带"无缝对接,开通"厦蓉欧"班列。

7.1.2.5 西南沿海港口群战略定位

构建面向东盟的国际大通道、打造西南中南地区开放发展新的战略支点和形成 21 世纪海上丝绸之路与丝绸之路经济带有机衔接的重要门户。按照三大定位要求,广西北部湾港先后建成防城港 20 万吨级码头及进港航道、钦州港 30 万吨级油码头、北海铁山港 1~4 号泊位等一批标志性工程,港口基础设施和吞吐能力迈上了新台阶。在加强自身基础设施建设的同时,广西北部湾港着力拓展国际合作,加强与"一带一路"沿线地区特别是东盟国家的互联互通,广西北部湾国际港务集团先后投资建设马来西亚关丹港和文莱摩拉港,引进新加坡港务集团参与建设钦州港集装箱码头,积极推动并参与"渝桂新"南向通道建设。

7.2 港口整合

7.2.1 港口整合概述

港口资源条件不仅是一个港口生存发展的基础,也是一个港口核心竞争力的重要组成要素。一般说来,港口优良的岸线和航道等自然资源、良好的装卸和集疏运能力、充足的资金保证和发达的腹地经济等都可以作为港口核心竞争力的重要组成部分。港口整合主要内容和目标见表 7-1。

表 7-1 港口整合主要内容和目标

港口资源要素分类	整合的主要内容	整合目标
有形实体资源	港口岸线、码头泊位、航道、港口陆域、装卸搬运设施	优化配置,合理利用岸线资源
无形技能资源	运输组织、揽货方式、融资能力、管理经验、人力资源、经济腹地、通过能力	管理、技术、人力资源共享,提升品牌竞争力
客户资源	货主、货流、船公司、喂给港	定位分工明确,服务能力增强

加强港口间的资源整合，将成为中国对接"一带一路"、捕捉新机遇的重要方向和路径，港口与港口联合最大的好处是优势互补，联合构建战略伙伴，避免同行业恶性竞争，港口资源有效利用，降低港口服务成本，提升港口群整体竞争力的需要。同时，实行强强联手，组建港口集团，打造行业"航母"，有助于发展现代物流，实现港口跨越式发展。

中国港口资源整合发展中存在的问题：地方政府的保护主义和利益分担机制影响港口整合，港口管理体制不完善制约港口整合，港口前沿与后方陆域分属不同行政机构管理，造成资源无法有效整合，行政区划口岸管理部门的管理差异造成矛盾和不便，临时性行政管理机构的不可持续发展。

7.2.2　港口整合的模式

7.2.2.1　国外港口整合的案例

（1）纽约—新泽西港。

整合模式：政府主导紧密型。

港口的生产作业如引航、锚泊及装卸是系统工程，必须对有关过程实行统一调度指挥，以保证港口的正常生产秩序和生产安全，提高港口的生产和管理效率。同时，对整个港区进行统一规划建设，有利于岸线资源的充分合理利用，提升整个港口的建设管理水平。原纽约港和新泽西港，分别位于哈德逊河两岸，在合并前，由纽约州和新泽西州两州政府分别管理。进入20世纪后，随着货物吞吐量的急剧增加，交通压力越来越大，两港分割管理模式的弊端日益凸显，两州政府都意识到无休止的冲突只有浪费港口的潜能。随着货物吞吐量的急剧增加，两港分割管理模式的弊端日益凸显，港口资源有限无法支撑本港发展，只能寻求联合。

为解决长期以来两州争夺港口和航道管理权的矛盾，1921年，经美国国会批准，纽约港和新泽西港合并成立了纽约—新泽西港务局，统一负责纽约和新泽西州的港政管理工作。它们的合并充分说明了统一设置港政管理机构的必要性。成立纽约新泽西港务局，其中6人来自纽约，6人来自新泽西，分别由各州州长任命，港务局仅负责研究港口的经营、建设、管理中的问题，港口的重大问题由两个州政府共同决策。整合资源：规划权、审批权、行政管理机构、行政管理权限、品牌资源、政策资源、信息资源、口岸资源。

纽约港和新泽西港合并一方面使得港口的投资、开发能够实现一体化，保证岸线、航道、锚地等紧缺型基础设施资源能够统一规划、建设，实现资源的合理配置，另一方面又能发挥私营企业的经营优势，多家私营企业共同经营码头，存在合理竞争，提高港口服务水平，保证了港务局的稳定收入。

（2）日本东京湾港口群整合。

整合模式：政府主导松散型。

为了扼制其港口在地区和全球航运中心地位不断下降的趋势，日本运输省协调港口群发展，港口管理权下放给地方港口机构，港口管理机构在拥有港口基本管理权外，日本运输省掌握了港口群规划协调的最终权力，从而确保国家利益，避免港口之间恶性竞争。整合资源：规划权、政策资源。东京湾内六港的经营保持各自独立，但在对外竞争中形成一个整体，共同揽货，整体宣传，提高整体知名度。通过较高层次的统一规划，实现对资源的合理利用，避免恶性竞争；其经营主体和行政管理主体仍保持各自相对独立性。

7.2.2.2 国内港口整合的案例

（1）宁波、舟山港口资源整合。

整合模式：政府主导松散型。

两港各自形成相当规模，具有自身特点。宁波拥有经济实力、技术、经营经验等方面的优势，但是深水岸线资源日趋紧张；舟山则拥有丰富的港口资源优势，舟山港与大陆的联系度较低，深水岸线资源尚未得到有效开发和利用，舟山还拥有可开发建港的海岸线长达1500余公里，其中水深 -10 米以上的深水岸线 183.2 公里，水深超过 -15 米、可建 25 万~30 万吨以上的港址有 25 处，岸线长达 103.5 公里。宁波、舟山两港具有共同的海域、共同的经济腹地、共同的集疏运系统，同时还具有优势互补性，双方通过资源整合，实现对有限的港口资源最优配置，实现港口效益最大化，使宁波—舟山港形成一个聚集效应。

宁波、舟山两港隔水相望，共用一个水域、锚地、航道。早在 2005 年底，浙江省政府已经成立宁波—舟山港管委会，推进两港在规划、品牌、建设和管理上的"四统一"，两港一体化的道路得以奠基。省政府任命管委会领导班子，从有关部门抽调工作人员，该机构职责包括"二负责三协调"（负责规划管理负责和统计工作，协调重大建设项目，协调港口生产经营秩序和规章政策的制定、执行，协调对外宣传和招商引资）职能，参与宁波—舟山港的规划管理、项目推进等工作。由交通运输部、浙江省政府批复的《宁波—舟山港总体规划（2014—2030 年）》要求宁波—舟山港将加快推进资源整合和深度融合，积极打造江海联运服务中心，实现由大港向强港转变。该规划提出，宁波—舟山港将以大宗能源、原材料中转运输和集装箱干线运输为重点，积极发展现代物流、航运服务、临港产业、保税贸易、战略储备、旅游客运等功能，发展成为布局合理、能力充分、功能完善、安全绿色、港城协调的现代化综合性港口。

2015 年 9 月 29 日，宁波、舟山两港重组，成立宁波舟山港集团有限公司。整合资源的目的，是为港口业突围，合作共赢，从机制上解决了宁波港和舟山港此前在货源、航线等方面的竞争关系。作为一个整体之后，浙江方面就能把要素和港口资源进行统筹考虑，功能定位更加明确，避免了低端化的竞争发展，有利于实现由大港向强港的转变。此时拥有 19 个港区的宁波舟山港，成为名副其实的世界第一大港。宁波的港口管理经验、资金、货源等优势得以向舟山覆盖，同时舟山的深水岸线资源能够发挥更大的价值。港口实质一体化完成后，当年 12 月 19 日，宁波舟山港成为全球首个年货物吞吐量超 9 亿吨的大港；当年集装箱吞吐量同比增长 4.5%，增幅位居全球前五大港口之首。

（2）厦门港、漳州港整合。

整合模式：政府主导紧密型。

两个港口共用航道和锚地，在港口资源使用中，存在矛盾和冲突；在经济发展水平方面，厦门湾南北两岸呈现较大差异，南北两岸正好处于优劣势互补的状态。为了促进厦门市、漳州市以港口为平台，实现跨行政区域经济的优势互补、相互对接，2006 年 1 月 1 日，厦门湾内港口体制一体化整合，由新组建的厦门港口管理局统一管理厦门湾内的东渡、海沧、嵩屿、刘五店、客运、招银、后石、石码 8 大港区。原漳州市港口管理局撤销，成立厦门港口管理局漳州分局，具体负责管理东山港区、古雷港区、云霄港区、诏安港区。同时撤销厦门市港务局，组建厦门港口管理局，作为对全厦门湾港口、航道和水路运输实施行政管理的交通行政管理部门。实现对生产调度、港政、航政、引航、规划建设、统计管理"六统一",厦门优惠政策同时惠及漳州行政区内港区。2010 年 8 月 31 日,漳州的古雷港区、东山港区、云霄港区、诏安港区并入厦门港。2013 年,厦门、漳州港口一体化整合完成,厦门港进入新阶段,整合后的厦门港由东渡、海沧、翔安、招银、后石、石码、古雷、东山、云霄和诏安等 12 个港区组成。整合资源:行政管理机构、行政管理权限、品牌资源、政策资源、信息资源。

(3) 北海、防城、钦州三港整合。

整合模式:政府主导紧密型。

在地方利益驱动下导致北部湾港口之间出现恶性竞争;同时,三个港口中防城港具有较强的运营优势,而其他两港发展略逊于防城,三港具有互补优势。

2009 年整合广西北海、钦州、防城三家港务公司,成立广西北部湾国际港务集团有限公司,实现对港口运营生产的总体调度管理。成立北部湾(广西)经济区规划建设管理委员会,统筹规划区域的开发建设,协调区域内各方面的关系和重大事项,研究制定区域开放开发的具体政策措施,统筹规划建设经济区重大基础设施、重大产业布局、重要资源整合、岸线资源开发利用等,对港区后方产业落户和岸线开发实施前置审批政策。从整合效果看,目前广西北部湾港取得了较好的整合效果,区域内主要港口资源均由整合主体统一运营,资源得到了充分有效的利用。作为中国南方沿海主要港口之一,2018 年北部湾港货物吞吐量 1.828 亿吨,集装箱吞吐量 308 万标准箱,增长 27.76%。

7.2.3 中国港口整合的现状及特点

7.2.3.1 中国港口整合的现状

表 7-2 近年来中国沿海主要省份港口资源整合情况

省份	主要平台	成立时间	所涉及港口	整合成果或最新进展
河北	河北港口集团有限公司	2002 年 8 月	秦皇岛港、唐山港、黄骅港	对省内港口资源整合、与招商局合作

续表

省份	主要平台	成立时间	所涉及港口	整合成果或最新进展
广西	广西北部湾国际港务有限公司	2007 年 3 月	北部湾港（钦州港、防城港、北海港）	整合广西壮族自治区内港口资源、西江水运体系
浙江	浙江省海港投资运营集团有限公司	2015 年 8 月	宁波—舟山港、温州港、嘉兴港、台州港和义乌国际陆港	基本形成以宁波—舟山港为主体，以浙东南和浙北环杭州湾港口为两翼，联动发展义乌国际陆港和 7 个内河港口的"一体两翼多联"港口发展格局
江苏	江苏省港口集团有限公司	2017 年 5 月	江苏省省属港航企业及南京港、连云港、苏州、南通、镇江、常州、泰州、扬州等 8 市国有港口企业	2018 年 8 月南京市交通建设投资控股股份有限公司将其持有的南京港 55% 的股权划转至江苏省港口集团有限公司，江苏省港口资源实质性整合再迈一步
辽宁	辽宁东北亚港航发展有限公司	2017 年 11 月	大连港、营口港	招商局集团通过增资方式入股辽宁港航，取得其 49.9% 的股权，辽宁省国资委保留 51.1% 的股权
山东	山东渤海湾港口集团有限公司	2018 年 3 月	东营、滨州和潍坊三市港口资源	山东省提出适时组建山东港口投资控股集团公司，统筹全省港口发展
广东	广州港集团有限公司	2018 年	广州港、东莞港、中山港等	《广东省港口资源整合方案》，其坚持政府引导、企业主导、市场运作为主的原则，提出以广州港集团、深圳港口集团（深圳市内部整合组建）为两大主体，分区域整合沿海 14 市及佛山市范围内的省属、市属国有港口资产
	深圳港口集团	2018 年	深圳港盐田、大铲湾港区	
	深圳赤湾港航股份有限公司	—	深圳港蛇口、赤湾和妈湾港区	

续表

省份	主要平台	成立时间	所涉及港口	整合成果或最新进展
上海	上海国际港务（集团）股份有限公司	2005 年	上海港	2002 年上海港就提出长江战略，通过资本、技术和管理输出，与长江沿岸合作，带动长江流域的区域性港口，并辐射周边地区
福建	福建省交通运输集团有限公司	2017 年	福州港、莆田港和湄洲湾港（泉州港）	2017 年福建省国资委向福建省交通运输集团有限公司无偿划拨其持有的福建省港航建设发展股份有限公司股权
福建	厦门港务控股集团有限公司	2006 年	厦门港、漳州港	2006 年厦门港厦门和漳州两市 8 个港区成立新的厦门港口管理局
天津	天津港（集团）有限公司	2017 年	京津港口合作	按照"先经营管理统一，再资产统一"模式，中国将重点推进京津冀港口资源合作，先行带动港口资源跨省级行政整合，并为更大范围的协同发展创造条件
海南	海南港航控股有限公司（暂代）	2016 年 5 月	海口港	《海南省人民政府关于印发海南省港口资源整合方案的通知》，海南省与中远海运以港航控股为平台开展股权合作，中远海运将通过下属全资子公司持有港航控股 45% 的股权，双方共同推动优化整合海南省港口和航运资源

7.2.3.2 目前港口整合的特点

（1）"一省一港"的格局基本形成。

2018 年以来，大部分省份均加快了港口资源的相关整合工作。

2018 年，北部湾港宣布与西江集团进行战略重组，广西西江开发投资集团有限公司整体并入广西北部湾国际港务集团有限公司，组建新的广西北部湾国际港务集团有限公司，涉及资产 1200 亿元。未来将着力构建北部湾港口体系、西江水运体系，发展南向通道。广西印发《广西全面对接粤港澳大湾区实施方案（2019—2021 年)》，重点任务包括推进海上互联互通建设。加快建设北部湾区域性国际航运中心，主动融入大湾区世界级港口群，把北部湾港打造成为区域性国际航运中心。

2018 年辽宁港口资源整合继续推进，辽宁省港口资源整合以大连港集团有限公司和营口港务集团有限公司为基础，引入招商局集团。辽宁省政府与招商局集团正式签订相关协议，完成相关股权转化工作，成立辽宁港口集团。通过市场化方式设立辽宁港口集团，并由招商局集团主导的整合方案。

2018 年 3 月山东省以山东高速集团为省级出资人整合滨州港、潍坊港和东营港，组建渤海湾港口集团，统筹各港口所涉岸线、航线资源为目的，统一负责渤海湾港口及岸线的规划、投资、建设和经营管理。2019 年 7 月 9 日，青岛市国资委、青岛港集团与威海市国资委、威海港签署《国有产权无偿划转协议》，威海市国资委将其持有的威海港 100% 股权（不含非经营性资产及对应负债）无偿划转给青岛港集团。青岛港整合威海港，与烟台、日照形成四大港口集团格局。

（2）港口整合步伐逐步由沿海向内河推进。

长三角一体化上升为国家战略，交通运输部与上海市、江苏省、浙江省、安徽省政府联合印发《关于协同推进长三角港航一体化发展六大行动方案》，协同推进港航一体化发展、绿色发展、率先发展。南京港 55% 股权无偿划转至江苏港口集团，迈出实质性一步。2018 年 12 月 6 日，安徽省港航集团有限公司揭牌，将整合省内 10 家港航企业，打造全省对外开放的统一平台，并将安徽港口群打造成为联通东西部和长江中下游的河、江、海联运枢纽。

为统筹谋划全省港口资源整合，江西省印发《江西省港口资源整合工作方案》，对规划高等级航道范围内的南昌港、九江港两个全国性主要港口和赣州港、吉安港等区域重要港口的货运码头，实施资源整合。江西省港航建设投资集团有限公司为出资人，设立江西省港口发展集团有限公司并以省港口集团为主体，各设区市、县（市、区）地方国有资本或社会资本共同参与，进行规模化经营、市场化运作，整合现有港口货运码头，实现全省港口货运码头由省港口集团统一运营和管理。

四川省交投集团和泸州、宜宾两市签署泸州港—宜宾港整合发展协议，以在投资、开发、运营等方面实现"一盘棋"。

（3）引入以市场化为核心的整合方式。

2018 年以来，港口整合方式亦呈现多元化，从以省政府成立港口集团为整合主体的以行政主导为核心的方式，增加了以省政府发起并引入专业港口运营商，以市场化为核心的方式。广东港口资源整合方案出台，以广州港集团、深圳港口集团（深圳市内部整合组建）为两大主体，分区域整合沿海 14 市及佛山市范围内的省属、市属国有港口资产。广东省的港口资源整合分为了东西部两大区域，西部地区的港口资源整合与其他大部分省份类似，主要由地方政府进行牵头，以广州港集团有限公司为核心主体；而东部地区（主要涉及深圳港）由于现有主要港口经营企业基本都为与专业码头运营商，如招商局集团有限公司或香港和记黄埔的合资企业，涉及了央企、国企、港资等各方资本。广东省港口资源中，地方国资控制比重为 33%，招商等央企控制比重为 25%，和黄、现代等外资控制 30%。

总之，港口行业资源整合优化中国港口区域内竞争环境，提高港口资源的利用效率，为港口企业发展提供较好的背景。

7.3 港口供应链管理

7.3.1 港口供应链管理释义

经济全球化时代，船舶是载体，港口是航运的中转枢纽，满足货物转移的时空需求，是全球贸易赖以存在的根本。打通"港航货"各个环节，构建港口供应链，共同整合港口内外部供应链服务资源，构造"供方 + 需方 + 物

流公司 + 船东 + 港口 + 海事 + 海关（等）"港口生态圈，发挥再造功能，助推从港口装卸到全物流链运营。

作为供应链上重要节点的港口企业，通过构建战略伙伴实施供应链管理战略，建立利益共同体，实施资源扩展、优势互补、利益共享、风险共担，使现代物流运作达到最优化，从而实现港口大发展。

与供应链上游企业联合，构建战略伙伴，港口供应链上游企业有矿业集团、外贸企业、运输企业、货物代理企业、农副产品企业等几大类。港口的基本功能是中转货物，与这些企业构建战略伙伴，不仅有助于开辟货物供销市场，掌握市场主动权，共同扩大市场份额，而且能够减少货物中转运输环节，使"上游"到"下游"运转顺畅。比如，与铁路、船东构建战略伙伴，现代物流的形式是交通运输，而进出港口最便捷、经济的运输方式莫过于铁路和船舶运输。与铁路和船东构建战略伙伴不仅能使港口真正地"四通八达"，避免出现"堵港"，而且能够提高装卸效率，真正地成为"交通枢纽"，充分发挥港口优势。加强与铁路、班轮公司的合作，构建包含港、航、货等多方参与的港口供应链。

与供应链下游的企业联合，构建战略伙伴。港口供应链下游企业有电厂、燃料公司、钢铁厂、冶炼厂、化工企业、饮食企业、电器生产企业、船舶代理企业、境外企业、海外企业、国内外代理商等货主和客户。港口与这些企业构建战略伙伴，不仅直接提供供需见面的便利，扩大商品销路和销量，而且减少存货，节约港口和供、需方大量成本。大型煤炭企业神华集团在黄骅港、天津港、珠海港等港口都投资运营码头。

7.3.2　"航运 + 港口"构建港口供应链的关键

全球约90%的货物贸易通过国际航运完成，国际航运正通过模式变革、技术创新推动国际贸易的发展，特别是通过港航合作，打造航运、港口、仓储、物流、内陆运输等节点的一体化，提升综合物流供应链服务能力，催生新的贸易路径，促进全球经济贸易增长，使得港口的价值得到了提升，带来延伸产业链、提升供应链和创造价值链的机遇。

航运和港口作为产业链上两个关键节点，港航合作从港到港运输向全程供应链解决方案转变，从存量资源合作向开发新市场转变。不仅有效降低综合物流供应链和终端客户运输成本，还在信息安全、货物人身安全、环境保护等方面，提供重要保障。港航的紧密协同，港口依托航运进行拓展，航运依托重点港口构建网络，港航的协同提升了亿吨大港的竞争能力。比如，中远海运在环渤海地区投资了 10 个码头，在长三角地区投资了 8 个码头，在东南沿海地区投资了 3 个码头，在珠三角地区投资了 5 个码头，在西南沿海地区投资了 1 个码头，在大连港、天津港、青岛港、上海港、宁波舟山港等国内主要港口都有其投资身影。在资本层面上，港航股权合作是未来发展新趋势。通过股权合作、互相参股，航运企业将参与港口开发，航线挂靠相关港口，可以大幅提升港口竞争力，达到双赢甚至多赢的综合效应。

又如，厦门打造"一带一路"倡议支点港——开创两岸港航融合新示范，厦门港务控股集团将紧紧围绕厦门国际航运中心建设目标，把增辟"一带一路"货客运航线作为主攻方向，增加航次运力供给，融合海陆空交通枢纽，力争打造 21 世纪最有竞争力的海丝出海口；携手国际国内优势资源、资本，强强联合，探索到"一带一路"沿线国家、地区投资建设港口；打造箱道、货道、客道、资金道、信息通道"五道"贯通的两岸港航融合发展新模式，共同拓展"一带一路"业务，谋求世界航运新市场。

福建省"丝路海运"将在联盟的框架内加强共商共建机制，积极推动成员之间信息共享和优势互补，通过签订港口与港口、港口与航运、港口与铁路、港口与物流间等多种方式的战略合作，实现港航贸的融合发展，共同推进构建对外高水平开放、高质量发展的新格局。

7.3.3 与海外企业合作延伸港口供应链

2019 年 1 月 23 日，新加坡 PSA 国际港务集团愿与福建交通运输集团携手合作，深度布局福建省几大业务领域，助力福建省港口整合升级，打造国际服务平台，实现互利共赢。为进一步加深双方"国际陆海贸易新通道"方面的合作，PSA 愿参与福建省港口整合，建立战略合作伙伴关系，在福建省港口经营、航运物流供应链等领域取得实时性进展，谋划福建省港口一体化经营大局，链接"一带一路"，做大"丝路海运"，打通中国中西部的新物流通道。

　　鹿特丹港宣布与广州港签署合作协议，二者将在港口专业领域与港口管理领域方面进行数据交换。这次合作也是鹿特丹港与全球港口分享知识并进入新市场战略的一部分。

　　汉堡港是海上丝绸之路的重要节点，也是中欧班列的重要枢纽。无论是在海上还是陆上，汉堡港口仓储和物流公司都已融入"一带一路"建设。德国汉堡港口仓储和物流公司已与中国 116 个港口开通了直航线路；同时，每周往来于汉堡和中国之间的中欧班列超过 230 列，成为海运以外联系欧中的重要运输渠道。汉堡港口仓储和物流公司未来将与中国合作伙伴在共建港口以及货运物流等方面加强合作。例如，在港口发展方面，双方可以强化在自动化、环保物流、智能港口建设等领域的沟通与交流。

8 面向 "一带一路" 的中国港口产业升级

8.1 港城互动

8.1.1 城市与港口相互依存

港口发展的路径主要是在港口区域以及港口辐射的周边两到三百公里的城市，构建一个依存港口的产业生态圈。

城市是现代文明的标志，城市发展水平集中体现了一国的综合国力和国际竞争力。港口城市是一种独特的城市类型，在整个城市体系中占据极其重要的地位。法国地理学家戈特曼提出的当今世界著名的六个大都市带，如美国东北部大都市带、日本太平洋沿岸大都市带等，大多是依托国际性港口群发展起来并且依托国际性港口进行国际交往的。这些城市在世界经济和本国发展中发挥着举足轻重的作用。从港口城市发展的进程看，港口和城市历来呈现互动发展的关系：港口是城市对外开放的门户，城市是港口繁荣与发展的载体。依港兴城和以城促港是世界著名城市与港口发展的一般规律。

港口城市有一个很重要的特征：就是港口、产业、城市发展三者紧密关联。以港口为中心的综合交通体系的开发和建设，带动相关的物流等产业的兴起和发展；临港工业及相关产业的兴起，促进了港口的繁荣，加速了城市的形成和发展；城市作为载体，为产业发展提供物质基础和空间载体。

港口的发展与城市发展密切关联。"建港兴城，城以港兴，港为城用，港以城兴，港城相长，衰荣共济"，正是港城关系的总结。纵观世界港口与港口城市，从空间关系到产业结构发展都存在着阶段性互动特征，其演变过程见图 8 - 1。

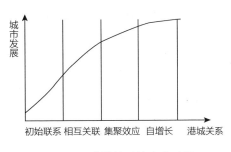

图 8-1 港城关系的演变过程

8.1.2 中国港城互动发展的主要特征

8.1.2.1 港口与城市关系存在多样性

根据港口货运功能的不同，港口与所在城市及内陆腹地关系可分为三类：第一类是通过型海陆联运型港口（如秦皇岛）；第二类是临海产业、加工业相关的港口（多数港口）；第三类是货物水水中转型港口（如舟山马迹山、岙山等铁矿石、原油中转港）。中国港城关系发展的主要特征见图 8-2。

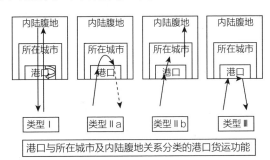

图 8-2 中国港城关系发展的主要特征

第二类港口与所在城市关系密切，或是加工制造业聚集于城市，或是服务于城市和腹地的临港基础工业，与城市生产、生活具有密切的关系。

8.1.2.2 港城经济互动发展具有不均衡性

由于地理位置的不同、港口和城市发展存在差异，形成了中国沿海港口城市港城互动发展的不均衡性。

港城互动发展大致划分为三类：第一类是上海市，已经初步进入了港口城市自增长阶段；第二类是宁波、深圳、广州、天津、青岛、大连等城市，处于港城集聚效应阶段；第三类是包括福州、厦门、珠海、防城、日照等城市，还处于港口工业型经济发展阶段。

8.1.2.3 中国港口城市的发展具有趋同性趋势

目前，沿海港口都采取在港区内开辟临港产业区，重点引进和布局与港口相关的产业，以港口为依托，发展临港工业、保税区和加工区，带动城市经济互动发展的模式。这种趋同现象还体现在临港工业的发展类型上，尤其是在同一区域的港口发展上更为明显。

8.1.3 港城互动发展策略

8.1.3.1 重视研究港口与城市发展的关系

汉堡、鹿特丹和安特卫普市都是依托港口贸易发展起来的，港、市融为一体，互相促进。港口的发展，促进了城市的现代化和国际化水平，并以港口物流为基础，逐步发展成为万商云集的国际贸易中心城市。城市的发展，又增强了港口的实力，使之在世界航运激烈的竞争中始终保持领先地位。但是新中国成立 40 多年来，由于条块体制的关系，人为地割断了港城之间的内在经济联系，使原有的优势没有充分发挥出来，不利于对外开放向深层推进。因此，在今后深化沿海地区开放的工作中，应突破体制的制约，真正做到"以港兴市"。

8.1.3.2 发展临港产业促进港口 + 城市 + 产业一体化发展

目前，沿海港口都采取在港区内开辟临港产业区，重点引进和布局与港口相关的产业，以港口为依托，发展临港工业、保税区和加工区，带动城市经济互动发展的模式。

重点发展贸易业和金融业，贸易、金融业的兴盛直接支撑了港口物流的进一步发展，主要体现在：促进加工贸易业的发展，产生对港口物流的巨大需求，吸引国际物流企业来港集聚；为港口物流业基础设备（航道、码头、仓库、堆场、通信等）建设提供信贷、融资条件，并为远洋航运业的发展提供保险服务。像国际集装箱大港中国香港、新加坡均是世界级的国际贸易和金融中心。

以港口城市为依托,港口逐渐由人流、物流的单一运输功能,拓展为集运输功能、发展物流业、临港工业和现代服务业等港口配套服务业为一体的复合功能,从而,逐步形成面向海洋,以信息化、生态化为主的综合流通枢纽和海洋经济基地。许多现代港口已从一般基础产业发展到多元功能产业,并且向社会经济各系统进行全方位辐射,有效地提高了地区产业整体的竞争实力。港口 + 城市 + 产业一体化发展见图 8 - 3。

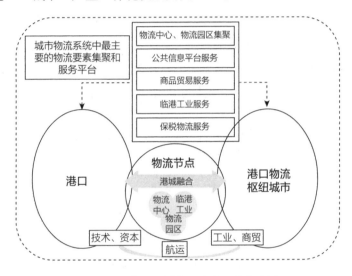

图 8 - 3 港口 + 城市 + 产业一体化发展

8.1.3.3 注重港口规划

城市的扩展、城市形态的演化必须通过港口位置迁移、规模扩展来实现。最初,河口港城市一般在交通方便的河口上段形成。随着经济的发展,港口规模扩大,城市用地向外扩展,城市形态发展为单一集中型。运输技术的发展和船舶大型化,以及老港区发展限制因素的增多,迫使港口向河流下游推移,再从入海口沿海岸推移或向海岛推移,形成河口港、海岸港或海岛港。相应地,城市用地也随着港口的推移向入海口、海岸或海岛方向发展,形成与港口功能相适应的群组城市形态。

因此,将老码头移出城区或者进行改造,重新进行结构和功能调整就成为两者协调发展的关键。老港区的移出或改造,增加了用于发展高效率第三产业的土地资源,提高了城市土地利用效率。同时,又提高了港口运作效率,老港区功能得到调整、改造、开发和功能置换,港口整体素质全面提升,促进了港口及整个港航产业的可持续发展。老港区的功能转换,也为新港区的建设筹措了资金,节省了投资,港口布局同时得到优化。

港口对外的各种联系都离不开港口城市的组织、协调与服务。港口建设和发展,规划先行。一个港口要建设要发展,首先要通过规划来确定港口的地位,明确港口发展的方向,严格按照港口规划来指导港口的建设和发展。在厦门、漳州、广州、深圳等港口的建设发展中,无不印证着"规划先行"的道理。城市的管理和规划,突出了港区功能,优化了港口布局,有利于实现港口的规模化、专业化经营,发挥出港口的最大效益。

8.1.3.4 以 15 个港口为重点,基础设施建设优先

《愿景与行动》布局上海、天津、宁波—舟山、广州、深圳、湛江、汕头、青岛、烟台、大连、福州、厦门、泉州、海口、三亚 15 个沿海港口的建设。《愿景与行动》称,基础设施互联互通是"一带一路"倡议的优先领域。抓住交通基础设施的关键通道、关键节点和重点工程,优先打通缺失路段、畅通瓶颈路段、配套完善道路安全防护设施和交通管理设施设备,提升道路通达水平。"一带一路"倡议标志着中国逐步从需求紧缩倒逼供给改革转向需求扩张配合供给改革的思路,或将开启中国第四次投资热潮。

8.2 国际上港口产业升级的经验

建设"21 世纪海上丝绸之路",还要看到完整的物流链、产业链,港口行业产业链相对清晰。上游按照运输货源的品种,主要分为集装箱、干散货和液体散货。集装箱为海上货运主要方式,与进出口贸易景气度相关度高;干散货中主要分为煤炭和金属矿石,为工业原材料,与腹地内工业行业及企业的景气度相关;液体散货主要为原油和成品油,需求的大小取决于化工、

炼化企业的景气度，交通运输的消耗以及战略石油储备等。从下游产业看，航运企业是港口的主要客户群。首先，港口吞吐量会受到企业码头运力、航线安排的影响，而这都会受到企业运营模式、网络布局调整的影响；其次，港口业务会受到航运企业船型变化、相关需求变化的影响；最后，航运市场属于典型周期性行业，港口业的发展无疑会受到市场供求与价格变化的影响。

港口相关产业见表8-1。

表8-1 港口相关产业

为船舶提供的服务	为货物提供的码头服务	货物内陆运输	为船员提供的服务	为货物提供的其他服务
1. 靠泊	23. 装卸	27. 驳船	31. 服饰用品	36. 广告促销
2. 话务	24. 重件装卸	28. 火车	32. 个人用品	37. 汽车停靠
3. 拖轮	25. 储存	29. 卡车	33. 娱乐餐饮	38. 银行
4. 海关	26. 港内运输	30. 管道	34. 交通	39. 通信
5. 入境清关			35. 其他	40. 集装箱
6. 移民服务				41. 通关
7. 检疫				42. 出口包装
8. 清洁、设备租赁				43. 货运代理
9. 看守				44. 薰舱
10. 装卸				45. 咨询
11. 货物安全				46. 保险
12. 修理				47. 船检
13. 特殊货物装备				48. 列车运输
14. 船舶供给				49. 货物称重
15. 系缆				50. 冷冻
16. 伙食				51. 样品、计算
17. 硬件设备				52. 船舶代理
18. 清洗				
19. 医疗				
20. 垃圾回收				
21. 燃油				
22. 加水				

中国香港是世界公认的国际航运中心，航运产业的价值夺人眼球，港口业务及相关产业创造的增加值，占香港 GDP 的 20%，直接效益与间接效益之比高达 1:38；航运产业产生的职位超过 60 万个，约占香港总就业人数的 1/5，直接就业与间接就业人数之比为 1:72。据测算，香港每增加一个集装箱泊位（年处理量 55 万标准集装箱），每年就能增加 100 亿港元增加值，约占香港本地 GDP 的 1%，同时还可提供近 3 万个就业岗位。

在国外，法国的福斯港，在进口原油、铁矿石、煤炭的基础上，形成了炼油—石油化工、钢铁—金属加工为主体的工业体系，其产量占到全国的 1/4；日本的阪神工业带，在港口沿海附近 1～3 公里的狭长区域内，分布着 6000 多家工厂，神户制钢、川崎重工、三菱电子等都在这里设有大厂。

鹿特丹 2020 年远景规划是创建高质量港口，鹿特丹港提出港口及其支持区域的功能与发展的六大目标：多功能港口、可持续港口、知识港口、快速安全港口、有魅力港口和干净港口。这些发展目标要在更大空间范围内布置相应的港口设施，要把城市港口转变为集港口活动、住房、就业、休闲娱乐和商务为一体的都市活力区域。鹿特丹港扩展临港工业链条，构建临港工业体系。进入 21 世纪以来，鹿特丹在独有的地理位置上合理有序地发展港口工业，促进了港口产业的开拓和港口产业链的形成。作为荷兰的工业中心，鹿特丹享有港口运输的便利，成为世界重要的炼油和化工工业的重要基地，主要工业门类包括炼油、造船、石油化工、钢铁、食品和机械制造等。作为产业链的延伸，为了更好地利用港口的运输与原料资源，鹿特丹港是炼油和化工工业的重要基地，鹿特丹的大型炼油厂，炼油能力占荷兰总能力的一半以上，是世界三大炼油中心之一。港区拥有 4 个世界级的精炼厂、30 多个化学品和石化企业、4 个工业煤气制造商等企业，全球著名企业如壳牌、埃索、科威特石油公司均在鹿特丹港落户。

伦敦是国际航运中心，但它主要以提供金融、航运服务为主，本港的货物吞吐量并不大，伦敦港货物的进出主要在它的外港，有的外港甚至在法国。伦敦老牌航运中心，世界 20% 的船级管理机构常驻伦敦，世界 50% 的油轮租船业务、40% 的散货船业务、18% 的船舶融资规模和 20% 的航运保险总额都在此进行。

安特卫普港以港区工业高度集中著称于世，港内工业区面积目前达 3134 公顷。它是比利时第二大工业中心，主要工业有炼油、化学、汽车、钢铁、有色冶炼、机械、造船等。安特卫普港相关产业及直接经济贡献见表 8-2。

表 8-2　安特卫普港相关产业及直接经济贡献

行业部门	公司数	增加额		就业人数	
		百万比朗	占比%	人数	占比%
船代/货代	441	16323	7.9	8296	12.6
货物装卸	104	22510	10.9	8305	12.7
航运公司	104	10817	5.2	1877	2.9
进出口贸易企业	25	3797	1.8	714	1.1
其他港口企业	206	16468	8.0	5238	8.0
全部港口服务业	880	69916	33.8	24430	37.3
炼油企业	22	34524	16.7	2944	4.5
化学、石油化工企业	3	59392	28.7	13027	19.9
修船企业	55	3538	1.7	2616	4.0
汽车企业	108	26136	12.6	11616	17.8
其他	988	4862	2.4	4157	6.3

8.3　港口产业生态系统及高质量发展

8.3.1　港口产业生态系统

港口产业生态系统示意图见图 8-4。

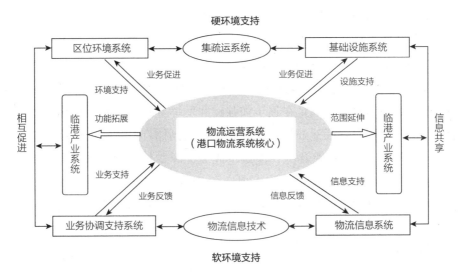

图 8-4　港口产业生态系统示意

港口产业生态具有国际化、功能多元化、要素整合特征、信息化、圈层联动等特点，形成"枢纽＋通道＋网络供应链"新范式。

8.3.1.1　国际化——领域特征

国际贸易全球化、世界经济一体化趋势促使港口国际化发展。参与港口产业国际化经营的动力是大型班轮公司，实力雄厚的跨国航运公司在港口企业的国际化中扮演着越来越重要的角色。参与港口跨国投资与跨国经营的另一大群体是一大批大型民用型港口码头经营企业。这些码头经营企业将其核心业务向国外拓展并利用其专业特长寻求国际投资机会。它们面向包括发展中国家在内的投资融资、改建新建工程，以争取国际市场，进一步拓展在国外的国际集装箱装卸业务。多数的港口主要从事国际物流服务，从代理报关业务、暂时储存、搬运和配送、必要的流通加工到送交消费者手中实现一条龙服务，甚至还接收订货、代收取资金等。港口国际性要求在物流过程中实现标准化，在商品包装、装卸搬运、流通加工、信息处理等过程中采用国际统一标准，以便参与到区域、全球物流大系统和物质经济循环中。

8.3.1.2　功能多元化——职能特征

我国港口的发展内涵已经从资源规划向功能规划、服务规划转变，未来要从重视针对船和货的服务型提供向综合服务型解决方案提供转变。现代港口除了传统的货物装卸、货物中转及产品分配的功能外，还增加了产业和服务增值的功能。港口发展到集约阶段，向多功能化方向发展，提供仓储、运输、配货、配送和各种提高附加值的流通加工服务项目。港口在现代国际贸易和运输系统中的战略地位正在逐步加强，并发挥着日益活跃的作用。现代化港口，既是货物海路联运的枢纽，又是国际商品储存、集散的分拨中心，也是贸易、加工业发展的聚集地，港口也成为国际货物运输链和世界经济贸易发展越来越重要的组成部分。一个现代化的国际港口必须集物流服务中心、商务中心、信息与通信服务中心和人员服务中心为一体，才能巩固和提高其在产业链中的地位和作用。在未来，除了运输功能空间，港口还将承担一定的社会功能空间。

8.3.1.3　产业供应链——要素整合特征

港口综合了所有服务要素,能提供多方位、多层次的服务。港口将原本仓储、运输的单一功能扩展为仓储、运输、配送、包装、装卸、流通加工等多种功能,这些功能子系统通过统筹协调、合理规划,形成产业供应链,控制整个商品的流动,以达到利益最大或成本最小,同时满足用户需求不断变化的客观要求,更加有效地服务于社会经济活动。经济一体化必将促使港口向国际化、规模化、系统化发展,港口产业内部通过联合规划与作业形成高度整合的供应链通道关系,大多数重要港口均位于海、陆、空三位一体运输方式的交汇点上,其商品原材料从开采到生产加工、配送营销,直至废物处理可形成一条典型的产业供应链。以供应链一体化、港产城融合互动、现代技术集成创新应用,促进管理与服务创新。港口产业供应链见图8-5。

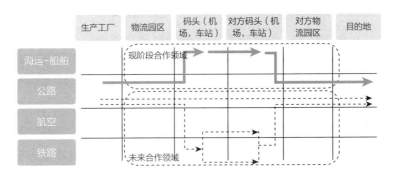

图8-5　港口产业供应链

8.3.1.4　"互联网+港口"——运动特征

全球经济的一体化趋势,使商品与生产要素在全球范围内以空前的速度流动,"互联网+港口"使物流效率提高,产品流动更加容易和迅速。信息化是港口物流发展的必由之路,港口必须建立在港口信息平台的基础上形成四通八达的高速"虚拟供应链",提高信息的搜集、处理和服务能力,缩短物流信息交换与作业时间;大力发展电子商务,提供电子定舱、网上报关、报检、许可证申请、结算、缴(退)税、虚拟银行等网上服务;依托"虚拟链",建设服务覆盖全球的"虚拟港",扩大港口的腹地范围;通过"虚拟链",使港口供应链上任何一环都能达到资源、信息共享从而实现总体功能最优化的服务目标。依托"虚拟链",预计未来 10~20 年内,港口布局出现以赤道环球航线中心港为核心的全球性港口网络,同时形成覆盖全球的智能港。

8.3.1.5 圈层联动

以港口经济为龙头,以港口城市与腹地城市群为载体,以开放、共享、共赢的创新生态为动脉,以区域创新网络及产业价值链跨区域分工合作为新干线,以港航贸易物流现代服务业、临港高端先进制造业以及战略新兴产业为支撑,以周边腹地为依托,实现区域创新发展共同体。通过核心区、辐射区、影响区及其内部紧密的功能串联、创新并联,将产业链、价值链、供应链高度集成与分布结合,形成"中心—泛中心—非中心"的辐射型圈层体系。

8.3.1.6 "枢纽+通道+网络供应链"新范式

投资率长期高居不下,造成严重的产能过剩和供给结构严重扭曲,投资主导模式必须终结,投资主导模式向消费主导模式转变。但是,从经济结构上看,目前中国经济驱动力已经切换到"出口+消费"。目前消费已成为中国经济增长的主要推动力,对经济增长的支撑作用正在进一步增强。中国经济转型,即从当前到未来的 30 年左右包括经济体制、社会体制、政治体制在内的全面改革,其主题是实现公平与可持续发展,目标是形成由消费主导的发展方式,成为一个真正的消费大国。经济不能长期建立在外需基础上,出口导向模式必须终结。确立内需替代和就业导向的共享型发展战略,实现从出口导向向进口替代、从外需导向向内需替代、从 GDP 增长向就业导向转变。

出口导向型的临港产业布局遵循物流成本和物流效率原则,即产业倾向于布局在物流成本更低、物流效益更高、靠近市场或靠近原料产地或两者都靠近的区域。而靠内需拉动港口经济增长的产业布局重点在港口运输方向的转向、运输内容的转向和供应链结构体系的变化,将是下一步港口转型的方向和核心所在。港口发展要从过去临港产业带来港口吞吐量到现在向"临港产业+无水港"方向转变,打造国家物流枢纽,培育"枢纽+通道+网络供应链"新范式,促进空间布局和服务体系的重构。

8.3.2 港口产业链向高端转型要点

8.3.2.1 差异化发展

建设自有特色的港口产业结构，拓宽港口产业服务功能。任何一个港口的经营目标和市场定位都不相同，产业服务的范围和重点也不一致。中国港口必须因港制宜建设设有特色的港口产业。比如，枢纽港充分利用自身的技术和实力优势，向物流中心方向发展，具备物流集散、货物存储、分拨配送物流服务和市场交易、信息管理、服务咨询增值性服务等功能；中小型港口则应根据业务范围，选择与大型港口联营等方式找准产业服务的切入点。

8.3.2.2 层次化发展

港口产业服务分为三个层次：一是以货物装卸为主的核心服务；二是在特定的货场完成货物装卸、运输、堆码、储存的辅助服务；三是向货主提供优质、便捷的货物交接的延伸服务。中国港口必须通过提供多元化服务来挖掘"第三利润源泉"，开发包装、流通加工、储运、配送、免税自由贸易等物流功能，提供融资、报关、商检、货物保险、风险规避、信息交流、专业人员培训等增值服务，提高综合物流效率。

8.3.2.3 全方位发展

现代港口向全方位发展。全方位主要体现在港口围绕主业提供多种形式的增值服务，包括提供各种金融、保险服务，提供货物在港口、海运及其他运输过程中的最佳物流解决方案，提供公正验货以及餐饮、休闲娱乐、各项零售服务等。加快发展港航物流业。包括加快发展冷链物流、汽车整车物流、保税物流等特色物流业，延长物流价值链，提升附加值。培育大型的新型物流企业，鼓励发展第三方、第四方物流企业，加快发展贸易电子商务服务试点，逐步在海关监管区形成跨境电子商务的集聚区。积极开展全程物流、供应链物流；发展冷链、汽车、化工等专业物流。加强与班轮公司的合作，大力发展集装箱业务。班轮公司由于受营运成本、集装箱运量增长速度、运输安全性及追求规模效益等因素的影响，对集装箱船舶大型化的追求日趋强劲，投入营运的超大型集装箱船舶数量与日俱增。

8.3.2.4 一体化发展

一体化主要体现在两个方面:一方面是港口企业内部的一体化,即港口企业将码头装卸、堆场、仓储、运输、包装等各个环节的单一经济活动集中为"一条龙"经营,为客户提供"一体化"服务。现代港口的发展除了需要对传统装卸业务进行改造和深化外,还要求在港区内或毗邻港区建立相应的物流园区、出口加工区、工业园区等各项服务区,从而有效地对来自全球的运输链的各个环节加以整合,使之成为无缝对接的一体;同时还要求走港区联动之路,把港口经济与保税区或自由贸易区的功能加以配套,使之在发展中互相依存、紧密配合、互相促进,成为息息相关的利益共同体,实现共同发展。

另一方面,实现一体化发展,港口的管理功能要进一步拓展,充分依托港口附近的物流园区、工业园区开展"一体化"的物流综合服务;开展如腹地运输、拆拼箱、报关、报验、包装、质量控制、库存管理、订货处理和开具发票等增值服务;提供金融、保险等方面的服务;提供货物在港口、海运及其他运输过程中的最佳物流解决方案。上海港是中国最大的港口、世界上第一大港口,其港口物流的发展在一定程度上代表着中国港口物流的发展方向,它成功的经验之一就是加快外高桥物流基地、洋山港建设,积极开发货物分类、包装、加工、配送等新的服务领域,使港区的辐射功能和综合服务功能不断得到新的提升。深圳港经过多年的发展,已经形成了颇具特色的港口物流体系。在"一体化"建设方面大力开发建设物流园区。深圳规划开发出六大物流园区,其中有两大园区为港口物流园区,主要功能为发展集装箱和散杂货集散、中转、拆拼箱、组装加工、海关查验等增值服务。

8.3.2.5 创新驱动

经济增长方式的转变,实际上也在倒逼中国经济由投资驱动转向创新驱动。必须以创新和技术进步来提高要素生产率,从而减缓或阻止收益递减现象,使相同的投入获得更多的产出。

港口行业必须牢牢把握推动高质量发展这个根本要求,把创新驱动作为动力源泉,转变港口发展方式,激发内生动力、释放市场潜力、培植发展活力,推进港口行业质量变革、效率变革、动力变革。创新是引领发展的第一动力,提高科技创新能力,加快建设"四个港口",即智慧港口、绿色港口、科技港口和效率港口。构建港口产业生态圈，从产品技术创新、业态创新为主逐渐过渡到产品技术创新、业态创新同组织创新、管理创新、制度创新和区域创新并重，率先构建创新驱动的发展格局。

8.4 中国港口产业升级举措

据统计，中国港口的非装卸服务占港口服务比例不足50%，而发达国家这一比例达70%多。随着港口吞吐量增速的放缓和经营成本的增加，港口功能相对简单对企业利润必将产生不利影响。

2019年4月8日，国家发改委就《产业结构调整指导目录（2019年本，征求意见稿)》正式面向全社会公开征求意见。《指导目录》由鼓励类、限制类、淘汰类三个类别组成，本次修订的意向旨在推动产业优化升级，加快先进制造业、服务业发展。本次产业结构调整目录中公路及道路运输（含城市客运）下属的条目共计15条，均为鼓励类项目，主要集中在港口码头建设、电子信息技术建设与应用，以及绿色环保三个方面（见表8-3）。

表8-3　水运产业结构调整汇总

鼓励类			
1	深水泊位（沿海万吨级、内河千吨级及以上）建设	9	船舶污染物港口接收处置设施建设及设备制造。港口危险化学品、油品应急设施建设及设备制造
2	沿海深水航道和内河高等级航道及通航建筑物建设，西部地区、贫困地区内河航道建设	10	内河自卸式集装箱船运输系统
3	沿海陆岛交通运输码头建设	11	水上高速客运
4	大型港口装卸自动化工程	12	港口龙门吊油改电节油改造工程
5	海运电子数据交换系统应用	13	水上滚装多式联运
6	水上交通安全监督和救助系统建设	14	水运行业信息系统建设
7	内河船型标准化	15	国际邮轮运输及邮轮母港建设
8	老港区技术改造工程		

资料来源：前瞻产业研究院整理

港口将从传统业务向高端业务转型,"一带一路"倡议既包含了传统意义上的自由贸易协定区域,也包括次区域合作区、经济走廊、跨国运输线等,相关的仓储物流、国际采购、分销和配送、国际中转、检测和售后服务维修、商品展示、产品研发和加工制造等港口功能需求将会日益强烈。

港口企业应该明确各自功能定位,发挥各自特色优势,以加快发展物流和现代服务业为核心,在强化装卸业务基础上拓展功能,借助"一带一路"倡议契机,通过发挥港口互联网、大数据等科技手段,如"互联网+港口""互联网+teu"和"智慧港口"建设;稳定港口主业,创新扩大新的增长领域,创新服务新领域,发展商贸服务业、邮轮运输业、"互联网+"新业态。精准发力,与市场对上号,生产跟上需求,补齐发展短板,提升服务功能与质量效益。

推进海洋强国和"21世纪海上丝绸之路"建设,按照供给侧结构性改革的要求,推动港口与航运物流业、滨海旅游业发展,优化海洋产业结构,提高海洋服务业比重,壮大海洋战略新兴产业,推进海水养殖、远洋捕捞等传统产业转型升级。引导产业集聚集群发展,打造产业基地。

要培育发展港航服务业,包括支持培育船舶代理、客货代理品牌企业,争取放宽外资股的比例限制,吸引外资;鼓励发展港航科技研发、教育培训、船舶管理,另外还要培育航运金融服务市场,引导国内外金融机构落户,加力发展航运金融、信托、担保、投资资金管理,商业保理、信用评级等服务业。上海的独特优势在于航运金融与保险、海事法律与仲裁等现代高端航运服务业领域。上海自贸区现有外资国际船舶管理企业25家(外商独资16家),其中,17家外资企业(外商独资13家,中外合资或合作4家)为2013年9月后设立,即自贸区成立后,外资企业总数是先前的3.1倍,外商独资企业总数是先前的5.3倍。全球三大国际船舶管理公司——威仕、中英及贝仕均已落地浦东,这也标志着全球顶尖船管企业对自贸区营商环境和航运服务业开放的充分认可。作为航运产业链和价值链中高端,国际船舶管理业渗透范围极为广泛,对航运金融、船舶补给等上下游行业的经济带动能力和辐射效应强。

与"一带一路"倡议结合,提升航运中心功能,加快港口"走出去"步伐。推进航运中心向服务型、知识型转变;推进港口群功能分级,优势互补;建设"21世纪海上丝绸之路",融入全球航运体系。

9 面向 "一带一路" 的中国港口国际化

习近平总书记指出，要"以点带面，从线到片，逐步形成区域大合作"。李克强总理也提出"要推进'丝绸之路经济带'和'21世纪海上丝绸之路'合作建设，加快互联互通、大通关和国际物流大通道建设，把'一带一路'建设与区域开发开放结合起来"。中国港口按照"一带一路"愿景和规划，要重点推进口岸基础设施、陆水联运、港口合作，增加海上航线和班次以及加强海上物流信息化合作等内容，激活、扩大中国和"一带一路"沿线国家港口的贸易和合作。

9.1 中国企业投资运营 "一带一路" 沿线港口

9.1.1 中国企业投资运营 "一带一路" 沿线港口的意义

随着"一带一路"倡议的提出，中国经济与世界经济的关联度越来越密切，中国的开放进程进一步加快，作为改革开放窗口的港口企业，"走出去"是必然选择。近年来，国内港口企业启动国际化战略，深度响应"一带一路"倡议，在"21世纪海上丝绸之路"沿线国家投资布局。近几年，中国在"一带一路"沿线国家的基础设施方面的投资进一步加速，并且在参与形式上逐渐发生改变。在基础设施领域，中国企业"走出去"经历了几个阶段，从早期的劳务输出到工程分包、工程总承包（EPC），再到带资建设（EPC + F），并且现在越来越多的企业以直接投资方式参与项目。2013年至2018年，中国企业对"一带一路"沿线国家直接投资超过900亿美元，年均增长5.2%。在沿线国家新签对外承包工程合同额超过6000亿美元，年均增长11.9%。

中国企业投资运营海外港口具有以下重要意义：

一是联通全球经济要素，"一带一路"建设的着力点在互联互通，互联互通在港口上具体体现就是整个物流网络链接起来，海上丝绸之路起战略先锋作用，丝绸之路经济带起战略通道作用。"一带一路"建设拉动基础设施的投资，可以增加贸易量，对货运、码头、供应链的需求随之增加。

二是促成区域产业布局，由此形成点—线—面—体的区域经济网络。

三是输出管理、技术、人才。2018 年，由拖轮船长、轮机长等专家和技术人员组成的天津港集团援瓜达尔港工作组抵达巴基斯坦瓜达尔港，对瓜达尔港所有拖轮、引航船舶等设施进行系统检测并对瓜达尔港国际码头公司的巴基斯坦员工进行为期两周的专业培训。瓜达尔港是巴基斯坦第三大港口，位于俾路支省西南部，是"中巴经济走廊"的旗舰项目和"一带一路"的重要示范项目。这是中国港口企业从单一投资海外港口，到输出管理、技术、人才，融入当地发展，深度参与"一带一路"建设的有力举措。

四是配合国家外交战略。中国企业在海外投资运营港口就是要把中国经验复制到其他发展中国家，通过港口建设和运营为对象国的经济发展赋能这一内在因素。未来数年，全球基础设施建设所需要资金将高达 3.7 万亿美元，发展中国家尤其难以填补基础设施建设的缺口，面临极为严峻的潜在后果。通过"一带一路"对外投资，可以实现对外援助。

9.1.2 中国企业参与的海外港口项目及布局

2013 年"一带一路"倡议提出以来，世界吞吐量排名前 200 位的海外港口中，中国港航企业参与经营的有 50 多个。希腊、缅甸、以色列、吉布提、摩洛哥、西班牙、意大利、比利时、科特迪瓦和埃及等多个国家的港口背后都有中国港航企业的投资和支持。中国企业参与的部分海外港口项目见表 9-1。

表 9-1　中国企业参与的部分海外港口项目

国　　家	港口项目	签约年份	合同总额
印度尼西亚	丹戎不碌扩建工程	2017	5.9 亿美元
马来西亚	皇京港	2016	18.1 亿美元
	关丹港	2014	1.77 亿美元

续表

国　家	港口项目	签约年份	合同总额
新加坡	巴西班让港泊位建设	2016	
菲律宾	达沃港填海造陆工程	2016	390 亿比索
柬埔寨	西哈努克港经济特区	2007	
缅甸	皎漂特别经济区深水港和工业园	2017	73 亿美元
文莱	摩拉港	2017	
巴基斯坦	瓜达尔港	2013	16.2 亿美元
	卡西姆港土建项目	2014	1.3 亿美元
斯里兰卡	科伦坡南港码头	2011	5.5 亿美元
	汉班托塔港	2017	9.74 美元亿人民币
孟加拉国	蒙哥拉港口扩建升级工程	2016	353 万元人民币
	东方炼油厂码头	2016	5.504 亿美元
阿联酋	哈利法港	2017	3 亿美元
	哈利法港二期集装箱码头	2016	
土耳其	康普特码头	2015	9 亿美元
伊朗	格什姆岛石油码头	2016	5.5 亿美元
沙特阿拉伯	海尔港扩建四期项目	2014	2 亿美元
吉布提	吉布提港	2013	1.85 亿美元
	多哈雷多功能港	2016	4.217 亿美元
马达加斯加	塔马塔夫深水港项目	2015	10.17 亿美元
肯尼亚	拉姆港泊位建设	2014	4.79 亿美元
希腊	比雷埃夫斯港	2008	3.7 亿美元
意大利	威尼斯离岸深水港设计合同	2017	319 亿美元
	瓦多港	2016	705.2 万欧元
澳大利亚	达尔文港	2015	3.7 亿美元
	墨尔本港	2016	73 亿美元
	新纽卡斯尔港	2015	17.5 亿美元
巴布亚新几内亚	莫尔比斯港	2015	12 亿元人民币
坦桑尼亚	达累斯萨拉姆港扩建工程	2017	1.54 亿美元
	桑吉巴尔新港	2014	2 亿美元

布局蓝色经济通道"21 世纪海上丝绸之路",大体路径有两条:一是从中国沿海港口经南海、马六甲海峡,再过印度洋、红海,到地中海;二是从中国沿海港口经南海,过印尼群岛,抵达南太平洋。中国企业参与的海外港口项目重点布局"21 世纪海上丝绸之路"沿线国家与地区。

9.1.2.1 东南亚、南亚

东南亚和南亚地区是我国经贸发展的重要区域。在该区域我国参与投资建设运营的港点主要有新加坡的中远—新港码头、马来西亚的关丹港、斯里兰卡的科伦坡港和汉班托塔港、缅甸的皎漂港、巴基斯坦的瓜达尔港、马来西亚的黄京港、文莱的摩拉港等。

该区域典型港口吞吐量总体保持较快增长。2018 年,中远—新港码头完成集装箱吞吐量 320 万 TEU,同比增长 56.5%(2018 年经营泊位数量由 3 个增加到 5 个);科伦坡国际集装箱码头完成 268 万 TEU,同比增长 12%;汉班托塔港完成货物吞吐量 17.8 万吨。

东南亚货物运输需求巨大,原有的港口能力也已经无法适应不断增长的航运需求。中国港口行业的资本、管理和技术优势与东南亚和南亚经济体的需求相匹配,能够实现互利共赢。在中国经济进入新常态,制造业转型升级,低端产业向国际低成本地区转移的大环境下,港口行业跟随产业转移、新兴经济体发展的趋势,在东南亚、南亚等区域投资大有作为。

降低对传统运输通道"马六甲海峡"的过度依赖,开发新的能源通道,其中西亚是中国最主要的能源进口地,南亚是中国能源运输的重要通道。瓜达尔港位于阿拉伯海沿岸,占据着南亚、中亚和中东之间的战略位置。该港口还处于波斯湾的咽喉附近,距全球石油运输要道霍尔木兹海峡仅有约 400 公里。如果中东石油通过瓜达尔港,从陆路进入中国新疆,将把中国目前绕经马六甲海峡的石油运输缩短 85%。科伦坡港、汉班托塔港等一批大型港口项目,这些项目不仅包括港口本身的设计建造,还涉及港口工业园区的规划运营,大多拥有多年的租赁期或特许经营期。

9.1.2.2 西亚、北非

西亚和北非地区是我国经贸发展的重要潜力区域,也是"一带一路"建设的重点。该区域区位优势凸显，在全球海运格局中占有重要位置。同时，该区域经济体总体上基础设施落后、经济发展水平相对较低等，具有基础设施改善、工业化发展、生活水平提升的强烈愿望和动力。港口在上述区域经济社会发展和外贸发展中占据了十分重要的地位。在该区域，我国参与合作投资建设运营的港点主要有吉布提的吉布提港（港口后方的吉布提自由贸易园区、亚吉铁路也由我国公司合作建设运营），以及阿联酋的阿布扎比哈利法码头、土耳其的 Kumport 港、埃及的苏伊士运河码头、以色列的海法新港等，还有中国港湾负责建设并拥有 49% 股权的苏丹港牲畜码头。

2018 年，该区域港口吞吐量总体保持增长。苏伊士运河码头完成集装箱吞吐量 261 万 TEU，同比增长 3.2%；土耳其 Kumport 港完成集装箱吞吐量 126 万 TEU，同比增长 18.3%。

9.1.2.3　欧洲

本部分的欧洲主要指欧洲南部地中海沿线以及西北欧地区。该区域是我国重要的经贸往来对象，是我国商品进出口的重要区域。该区域绝大多数经济体经济较为发达，基础设施水平总体较高，物流服务水平较强，港口后方铁路、内河等集疏运也相对发达。港口在该区域中已经并正在发挥重要作用。欧洲债务危机后的几年，港口腹地经济发展相对缓慢，外贸需求总体在复苏中，港口运输需求增长动力不足，部分港口盈利水平较差，对外部资本介入、并购具有一定需求。

在此背景下，以中远海运集团为代表，加大与相关国家合作建设、运营重要港点力度，不断完善航运网络布局，更好助力中欧经贸往来。在该区域我国参与建设运营的港点主要有希腊的比雷埃夫斯港、比利时的安特卫普港和泽布吕赫港、荷兰的鹿特丹港 Euromax 码头、意大利的瓦多码头、法国的 Terminal Link 码头公司、西班牙的 Noatum 港口公司等。

例如，2016 年，中远海运与希腊共和国发展基金签署了"比雷埃夫斯港务局多数股权交易完成备忘录"，正式完成了比雷埃夫斯港务局 51% 股份的交割及 16% 股份的托管交易，2016 年中远海运斥资 3 亿多欧元收购比雷埃夫斯港务局 67% 的股份，正式成为比雷埃夫斯港经营者。中远海运进行一系列投资，包括扩建码头、码头修缮等。中远海运获得了比雷埃夫斯港的自主运营权,这使中远海运得以从企业自身的发展战略出发,依靠比雷埃夫斯港现有资源,布局未来发展方向。作为"一带一路"的重点港口,中远海运开通了"中欧陆海快线"。这条新贸易通道现在每周有20多个班列运行,载着成千上万"中国制造"源源不断进入欧洲。中国企业参与比雷埃夫斯港的建设使其集装箱吞吐量全球排名从2010年的第93位上升到了2018年的第32位。

9.1.2.4 非洲东部、西部、南部区域

该区域是我国经贸发展的重点潜力区域。在该区域我国参与相关国家港口工程建设比较多,投资建设并运营的码头不多。在西非地区主要有4个:招商局集团参与投资运营的港口有多哥洛美集装箱码头和尼日利亚庭堪国际集装箱码头,烟台港参与投资建设运营的博凯矿业码头,中国港湾负责建设、参与运营的喀麦隆克里比深水港集装箱泊位。在东非地区主要有1个,即招商局集团参与建设的坦桑尼亚巴加莫约港项目。

2019年7月7日非洲大陆自贸区正式宣告成立,自贸区将联合13亿非洲人口,构建3.4万亿美元的区域经济体。以人口和成员数量论定,非洲大陆自贸区将成为自世界贸易组织成立以来全球最大的自由贸易区。这不仅将促进非洲经济一体化,也有利于更多亚欧商品进入非洲市场,实现非洲国家与世界的共赢。中国已连续多年稳居非洲第一大贸易伙伴。2018年中非贸易额达2042亿美元,同比增长高达20%。非洲大陆自贸区成立后,随着非洲一体化进程加速、市场潜力逐渐释放,中非经贸合作也将日益走向深入。非洲海岸线资源好,比较适合开展海上进出口业务。中非贸易促进港口合作与发展。

中国企业投资"一带一路"沿线国家港口建设,一般分为港口承建和码头运营两大类,前期码头投资主体以港口承建企业为主,中国本土码头运营企业近几年才开始探索,其主要以输出码头运营技术和码头运营管理经验、取得码头经营权为主。

9.1.3 中国企业参与海外港口投资模式

随着在海外投资市场中整体的经验和能力不断提高、抗风险能力逐步增强,中国企业参与"一带一路"的模式也在不断变化和演进。依据企业参与

的海外港口项目期限、风险程度和资源承诺度以及是否享有股权将参与模式
划分为合资新建、兼收并购、BOT、特许经营权和 PPC 五种类型（见表9－2）。

表9－2　中国企业参与海外港口项目模式分类

模式 \ 特点	享有股权		项目期限		风险程度		资源承诺度	
	是	否	长	短	高	低	高	低
合资新建	√			√	√			√
兼收并购	√		√		√		√	
BOT		√		√	√		√	
特许经营权		√	√		√		√	
PPC 模式	√		√		√		√	

9.1.3.1　合资新建

合资新建是中国企业参与海外港口项目的主要模式。合资新建模式的核心在于合作各方对各自资源、技术、信息等优势的共享，实现互利共赢。在该模式下，外资企业与项目所在国企业共同出资成立新的企业，合作各方在这一企业的框架内对项目共同管理、共同经营，同时共负盈亏、共担风险。

2016 年 9 月，中远海运港口与阿布扎比港务局签署了关于哈利法港二期集装箱码头的特许权协议，取得该码头为期 35 年的建设、经营和管理权。按照协议，双方出资成立一家合资公司进行联合经营，由其全部承接中远海运获得的特许权。该公司中远海运为实际控制人，占股 90%，阿布扎比政府注册成立的公众股份制公司阿布扎比港务局占 10%。这一项目是典型的合资模式，合作双方为外资企业和港口经营方。合资新建的前提是双方可以优势互补，发挥协同效应。中国企业在参与港口项目时成立合资公司目的有三：一是希望享受当地企业的优惠政策，获得项目所在国相关法律的保护；二是通过合资企业的长期存在，与对方保持长期合作，以增进该国各方对企业资质、能力、管理水平的了解，为深耕该国市场奠定基础；三是规避市场堡垒，减少政策性障碍，简化招标程序，分担项目风险。

9.1.3.2　兼收并购

兼收并购模式是指中国企业通过注资参股兼并正在经营的港口企业，收

购港口运营商的部分或全部股份。兼收并购模式是当前中国企业参与海外港口项目的发展方向：一是兼收并购能够避免特许经营权转让所需的复杂程序和相关费用；二是通过兼收并购获得目标港口已然成熟的资源和管理体系，立即形成生产能力，实现投资回收，迅速打开项目所在国市场。

2015 年 9 月，当时的中远太平洋携手招商局国际和中投海外，通过各自持股的海外公司成立了卢森堡公司作为收购主体，以 9 亿美元收购了土耳其康普特（Kumport）码头 65% 的股份。这是一个典型的港口收购案例，中资企业通过收购港口企业部分股份实现了对码头的实际控制。2017 年 6 月，中远海运港口有限公司与经营西班牙瓦伦西亚港的 Noatum 公司签署协议，收购其 51% 的股权，此后正式成为该公司控股股东。中远海运通过收购 Noatum 公司股权，拥有了位于毕尔巴鄂的集装箱码头。招商局以 1.85 亿美元收购吉布提港口 23.5% 的股份。

跨国兼收并购港口要求企业具备强大的整合能力，需要企业对项目所在国法律、人文等多方面有深入了解，融合风险较高，运营管控难度较大。

9.1.3.3 BOT

BOT 即 Build-Operate-Transfer（建设—经营—移交）的英文缩写。以 BOT 模式参与港口项目的企业在整个项目过程中只拥有该港口的运营权而非所有权，所有权始终在政府手中。采用 BOT 模式有利于发挥中国企业的资本优势，迅速开拓项目所在国市场。同时，BOT 模式是一种风险较高的模式，项目建设运营过程中存在汇率风险、市场风险、技术风险。

BOT 模式的代表性项目为招商局国际于 2011 年参与投资的斯里兰卡科伦坡南港项目。该项目由招商局国际和斯里兰卡港务局共同出资成立的 CICT 公司进行运营管理，双方占股分别为 85% 和 15%，招商局同时可获得科伦坡港南集装箱码头特许权 35 年。项目共两期工程，于 2014 年提前竣工并投入运营，带动科伦坡港吞吐量增长。作为南亚地区目前唯一的深水中转码头，该码头是迄今斯里兰卡已投入运营的最大外商投资项目。斯里兰卡能够从一个地区的航运中心一跃成为国际上知名的航运枢纽在很大程度上得益于科伦坡港的建成使用。

9.1.3.4 特许经营权

特许经营是指"特许经营权者以合同约定的形式,允许被特许经营者有偿使用其名称、商标、专有技术、产品及运作管理经验等从事经营活动的商业经营模式"。特许经营权适用于发展程度较高的成熟港口。

2008 年,希腊在经济危机的严重冲击下,开启了私有化进程,基础设施特许经营便是其中一部分。中远太平洋以 8.31 亿欧元成功中标比雷埃夫斯港 2 号码头及 3 号集装箱码头为期 35 年的特许经营权,这也是中国企业首次在海外获得港口的特许经营权。该项特许经营权主要包括:发展、营运及以商业方式利用现有的 2 号码头;兴建、营运及以商业方式使用 3 号码头的东面部分,兴建完成后,期限由 30 年延长至 35 年。

招商局集团在"一带一路"沿线积极布局:2017 年 7 月 29 日,中资企业招商局港口控股有限公司以总价 14 亿美元的价格,与斯里兰卡港务局签署汉班托塔港为期 99 年的特许经营权协议。当年 12 月 9 日,招商局港口控股有限公司正式接管汉班托塔港,成立了汉班托塔国际港口集团有限公司。自招商局港口控股有限公司接管汉班托塔港以来,已建成 12 个泊位,岸线总长 3540 米。汉班托塔港位于斯里兰卡南部海岸,处于距离亚洲至欧洲主要航道 10 里范围内的黄金位置,亦为"一带一路"的重要节点。汉班托塔港是斯里兰卡的全方位深水港口,具有未来扩充的庞大潜力,其腹地覆盖南亚地区,是区域内的航运枢纽。

9.1.3.5 PPC 模式

在"走出去"的过程中,中国企业不仅仅建造一个港口,还会投资毗邻的自由贸易(特别)经济区和一些其他的发展项目。招商局集团依托海外港口网络,推动"前港、中区、后城"综合开发模式(以下简称"PPC 模式")在"一带一路"沿线国家落地。"PPC 模式"即以港口为龙头和切入点,以临港的产业园区为核心和主要载体,通过硬环境与软环境的打造,发展适合东道国资源禀赋的相关产业,然后通过产业发展带动后方的城市建设,推动项目在东道国的落地生根、开花结果。PPC 模式不仅能很好地融入当地经济发展,而且可以为中国的国际产能合作提供一站式服务平台,通过一揽子的解决方案，帮助众多的中小企业"走出去"。

连云港紧密对接"一带一路"，与哈萨克斯坦签署了共建过境货物运输通道及货物中转分拨基地的合作协议，提出将连云港打造成为上合组织的战略出海口，随着"一带一路"的具体实施和落地，上海合作组织国际物流园和中哈物流合作基地两个项目被列入《国民经济和社会发展第十三个五年规划纲要》中。运营五年来，不仅惠及中哈两国，也为"一带一路"沿线国家或地区带来运输便利与合作机遇。目前从这里发出的跨境班列已经覆盖到中亚五国的200多个站点，并延伸到中东和欧洲国家。连云港港区也已经和160多个国家的港口建立联系，开创欧亚大陆海陆联运的合作新模式（见表9-3）。

表9-3　中国企业参与海外港口项目模式情况

参与模式	项目港口	比重(%)
合资新建	丹戎不碌港、皇京港、巴西班让港、达沃港、蒙哥拉港、东方炼油厂码头、哈利法港二期集装箱码头、多哈新港、格什姆岛石油码头、海尔港、多哈雷多功能港、塔马塔夫深水港、纳林大深水港、拉姆港、威尼斯离岸深水港、莫尔比斯港、亚丁港集装箱码头、达累斯萨拉姆港、桑吉巴尔新港、巴加莫约港	54
兼收并购	关丹港、摩拉港、康普特码头、吉布提港、瓦多港	14
BOT	西哈努克港、皎漂港、瓜达尔港、卡西姆港卸煤码头、科伦坡南港码头、汉班托塔港、阿布扎比港、达尔文港、新州纽卡斯尔港、墨尔本港	28
特许经营权	比雷埃夫斯港	3
PPC 模式	招商局集团	1

9.1.4　对外投资港口项目建议

随着中国企业海外投资和运营的不断推进，境外港口投资回报期限较长，不仅存在资金和经营风险，还存在政治、法律和文化差异等风险。

港口企业需要从重点区域、重点通道、重点项目、重点客户等方面入手，把"一带一路"作为企业优化转型升级的重要依据，把"一带一路"的沿线地区作为开拓市场、发展海外事业的重要突破口，把"一带一路"业务合作重点作为服务客户、创造价值的重要着力点。应对目前投资的海外港口进行评级、分类,制定有差别的发展计划,引导战略资源精准高效分配。

要完善"一带一路"的金融支撑体系,优化整合国家政策性金融资源,统筹发挥支持中国企业"走出去"的国家政策性金融力量,并切实通过金融手段支持中国企业"走出去",促进中国企业的海外经济活动;要建立国家海上丝路港口股权投资基金,采用股权投资的机制,参股、收购海外重要港口股权和经营,通过整合港口资源,有效确保国家利益和话语权。

构建合作包容的投融资体系,助推"一带一路"倡议实施。要加强海外港口投资运营的开放性,引入民营资本、本地资本、海外资本,推动港口本土化进程。以共同出资、共同受益的模式,推动包容式发展。同时,按照市场化原则,不断完善和发挥丝路基金的作用,对内对接国内企业需求,对外对接各国发展战略规划,并加强与国内外金融机构的合作,为沿线国家的基础设施,包括港口建设、产业合作等提供投融资支持。

应处理好战略投资和商业运营的关系,用规范的商业运营保障战略投资的长期有效。规范国内机构海外投资行为,确保资金使用效率和项目建设质量;建立涵盖国别投资市场环境、风险评估和应对体系以及重大信息发布机制的统一风险管理平台,为企业海外的项目投资提供基础信息服务和风险解决方案,引导企业加快构建对外投资金融风险控制和防范机制,提升企业海外投资风险的防范能力,实现可持续发展。

"一带一路"倡议发展到今天,已经变成一个世界新型发展合作的平台,沿线地区已形成跨层次、多领域的互联互通项目体系,以港口为支点的"海上丝绸之路"沿线也已经"遍地开花"。应建立港口网络,"海上丝绸之路"的互联互通,不仅是港口与港口之间的连接,更可以建立港口网络。

9.2 利用中欧班列开展港口国际合作

9.2.1 中欧班列发展现状

中欧班列是由中国铁路总公司组织、运行于欧亚大陆(中国与欧洲)的陆路集装箱国际联运列车。中欧班列自 2011 年 3 月 19 日开始运行,首列中欧班列由重庆开往德国杜伊斯堡,当时称作"渝新欧"国际铁路。班列根据"干支结合、枢纽集散"的铁路运营组织方式,按照客车化组织模式和"五定"原则运行。2016 年 6 月 8 日,中国铁路正式启用"中欧班列"品牌,按照"六统一"(统一品牌标志、统一运输组织、统一全程价格、统一服务标准、统一经营团队、统一协调平台)的机制运行,集合各地力量,增强市场竞争力,更好地服务于"一带一路"倡议。

中欧班列已形成以"三大通道、四大口岸、五个方向、六大线路"为特点的基本格局。中欧班列"三通道"是指东、中、西三条线路,其中:西通道由新疆的阿拉山口、霍尔果斯等口岸出境(未来中吉乌铁路建好后,还可由伊尔克什坦口岸出境)进入中亚后,向北经俄罗斯或向南经伊朗和土耳其到达欧洲。中通道由内蒙古二连浩特口岸出境,经蒙古国、俄罗斯、白俄罗斯、乌克兰等国进入西欧。东通道由内蒙古满洲里或黑龙江绥芬河口岸出境,经俄罗斯、乌克兰、白俄罗斯等国进入西欧。

"四大口岸"分别是处在三大通道上的阿拉山口、满洲里、二连浩特、霍尔果斯,它们是中欧班列出入境的主要口岸。其中,阿拉山口是班列出入量最大的口岸,其次是满洲里,二连浩特居第三位,霍尔果斯承接的班列数也在逐步增长。

"五个方向"是中欧班列主要终点所在的地区,目前,这部分地区主要包括欧盟、俄罗斯及部分中东欧、中亚、中东、东南亚国家等。其中,欧盟、俄罗斯、中亚是中欧班列线路最为集中的地区和国家,中东、东南亚仅有少量班列线路。

"六大线路"是指自开通至今运营质量相对较高的班列线路。在目前运营的所有中欧班列线路中,成都、重庆、郑州、武汉、西安、苏州等地开行的线路在规模、货源组织以及运营稳定性等方面的表现较为突出。

直达班列境外终点城市主要有:德国汉堡、杜伊斯堡和纽伦堡,西班牙马德里,荷兰鹿特丹,波兰华沙和罗兹,捷克帕尔杜比采,俄罗斯莫斯科、托木斯克和外贝加尔,白俄罗斯的克列斯特。直达班列国内始发城市主要有:西部地区的重庆、成都、西安、兰州和乌鲁木齐,中部地区的武汉、郑州、合肥、南昌、长沙和太原,华东地区的苏州、义乌、连云港、青岛和济南,珠三角地区的东莞和厦门,京津冀地区的天津,以及东北地区的沈阳、营口、长春和大连等城市。

中欧班列运行线分为中欧班列直达线和中欧班列中转线。中欧班列直达线是指内陆主要货源地节点、沿海重要港口节点与国外城市之间开行的点对点班列线；中欧班列中转线是指经主要铁路枢纽节点集结本地区及其他城市零散货源开行的班列线。中欧班列开行班列统计见图9-1。

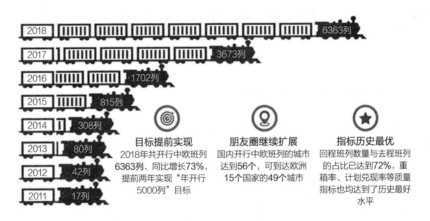

图9-1 中欧班列开行班列统计

中国交通运输协会相关人士称，经测算，货物由中欧班列的陆路运输比海运节约25天左右，物流成本重货比空运节约资金80%，轻货比空运节约资金20%左右。从连云港出发运往欧洲，所需时间将从此前海运的45天缩短至10天。因为运输时间减少了2/3，中欧班列缩短了企业的生产周期，从采购、生产到发货、运输，企业可以重新规划与安排，让产品更快速地反映市场和客户的需求。自创立之日起，中欧班列发展势头迅猛，辐射范围快速扩大，货物品类逐步拓展，开行质量大幅提高，使得从中国出发经欧亚大陆中部直达欧洲的陆路铁路交通线呈现爆发式增长。

"一带一路"经济区开放后，在《中欧班列建设发展规划（2016—2020年)》和《"十三五"铁路集装箱多式联运发展规划》两大政策力推下，"中欧班列"近年来增长迅速。自2011年首列开通至2019年6月底，中欧班列累计开行超过1.6万列。据统计，中欧班列从第1列到第500列历时4年，从第501列到第1000列历时7个多月，从第1001列到第1500列历时5个月。其中，2018年一年开行6363列，超过2011—2017年运行列数总和。目前中国境内开行中欧班列的城市达到 59 个，运行线已达 65 条，从西、中、东 3 条通道的阿拉山口（霍尔果斯）、二连浩特、满洲里（绥芬河）口岸出境到达16 个国家、108 个城市，运输网络已覆盖亚欧大陆的主要区域。陆海新通道建设今年也得到了快速推进，重庆等西部九个省区市签署了共建协议。提前两年实现了《中欧班列建设发展规划 2016—2020 年》确定的"年开行 5000列"目标。回程班列数量与去程班列的占比已达到 72%，基本实现"去 4 回 3"，重箱率、计划兑现率等质量指标也均达到了历史最好水平。

9.2.2 中欧班列发展存在的问题

随着"一带一路"建设的不断推进，中国和"一带一路"沿线国家的经贸往来愈加频繁密切。为满足日益增长的亚欧贸易需求，中欧班列应运而生。尽管运输规模扩大，但因货源集聚、运行方式、服务质量、运行成本、运作效率及公共服务等原因，中欧班列目前运行运营状况还存在一些问题。

第一，依靠政府补贴普遍存在。中欧货运班列的开通和运行大多由当地政府推动，为保证班列常态化运营，就严重依赖补贴。通常铁路运输成本是海运的一倍以上，中欧班列开行之初，为了从海运市场抢夺货源，各地政府只能通过财政补贴的方式，将运价压低到接近海运价格，地方政府纷纷出台财政补贴措施予以扶持。当前，大部分班列费用的 10%～40% 由政府补贴。例如：重庆参照海运价格进行专项补贴（负担海运与铁路运输的差价）；郑州按照海运价格对"郑欧"班列进行补贴，并且负担 1500 千米以内从国内货源地到郑州的运输费用（相当于涵盖包括广州在内的全国 80% 以上的大中城市）；成都对"蓉欧班列"补贴运费两年，40 尺集装箱补贴额度约 2500 美元（运输成本在 1 万美元左右，只收取运费 7500 美元）；苏州对每个 40 尺标箱大约补贴 1500 美元（全程运价为 7500 美元，执行 6000 美元的特惠价）；合肥的"合新欧"给予到欧洲的 40 尺标箱 6000 元人民币支持，到中亚国家的标箱 2000 元人民币支持。财政部从 2018 年开始要求地方政府降低中欧班列补贴标准：以全程运费为基准，2018 年补贴不超过运费的 50%，2019 年补贴不超过 40%，2020 年将不超过 30%。

第二，回程率问题（见图 9-2）。从中欧班列线路看，回程货比例是各条线路发展的关键核心因素,也是中欧班列稳定发展、持续健康运营的重要原因和基础动力。

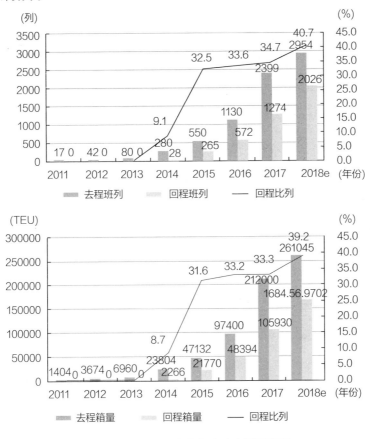

图 9-2 2011—2018 年中欧班列回程率

资料来源:中国铁路总公司

据中国铁路总公司统计,2018 年,中欧班列共开行 6363 列,同比增长 73% 。其中返程班列 2690 列,同比增长 111% 。

9.2.3 利用中欧班列促进港口国际化

9.2.3.1 加快发展多式联运

以班列运输创历史纪录的 2018 年为例,全国中欧班列运量约 60 万 TEU (标准箱),同期,海运运量约为 2.64 亿 TEU,是班列运量的 440 倍。作为欧亚大陆货物运输的一种方式,中欧班列 2018 年共开行 6363 列,按照中国铁路总公司对"中欧班列"规定的运输标准来核算,其总运量仅占亚欧航线海运量的 2%,对海运远不具备替代作用。

加快国际航运中心、自由港区建设,构建"丝路海运"联盟,以港航业务为主干,打造融合多式联运和综合物流服务等要素的服务标准化、运行便捷化、管理智能化的"海上丝绸之路"物流新体系。推进"海丝"与"陆丝"无缝对接。推进海铁联运及中欧班列市场开拓,强化辐射牵引作用。

加快建设一批急需的航道、锚地、进港铁路支线等集疏运项目,解决海港集疏运节点问题和"断头路"问题,进一步推进港口集疏运的网络。比如去程货物可吸收日本、韩国、东南亚等国的商品,在运至中国港口后,利用中欧班列发往欧洲。回程的欧洲货物用中欧班列运抵中国后,进入当地的保税区分拨(无须办理入出关手续),再由飞机运往亚洲其他城市,如新加坡、曼谷、中国香港、中国台北、东京、大阪、首尔等。

西部与东中部的联系通道进一步拓展,有序推进对外通道建设,与周边国家铁路的互联互通取得积极进展。例如,重庆果园港以智慧港口为依托,围绕铁、公、水多式联运,逐渐向世界中转站迈进:向东通过长江黄金水道联结长江经济带各港口城市群,再经太平洋面向亚太地区;向西可直通中欧班列(重庆),面向我国西北及中亚、欧洲地区;向南可直通中新(重庆)战略性互联互通项目南向通道,面向我国南方沿海及东盟、南亚地区;向北联通"渝满俄"国际铁路。

9.2.3.2 积极拓展双向货源

解决回程货源不足问题措施之一,开发独联体市场潜力,拓展独联体国家(白俄罗斯、俄罗斯、哈萨克斯坦等)利用中欧班列的货运,在回程的枢纽节点加挂沿途货物。开发货物运输市场,积极开发跨境电商货物和国际邮政运输业务,改善铁路、海关和邮政信息互享机制。努力增加适合通过班列运输的高附加值商品运量,在欧洲建立货物集散地或集结中心。

9.2.3.3 合理的中欧班列布局

围绕中西部地区的交通枢纽打造中欧班列的货物集结中心,形成"东中部出口基地+中西部集结中心"的模式;对于存在恶性竞争的部分相邻线路,可考虑进行合并。在国外,针对目前中欧班列主要经波兰进入欧盟市场而导致波兰口岸线路拥堵和运价较高的问题,可以考虑多元化通道布局来提升班列运营质量,主要是开通和发展波罗的海沿岸国家的铁海联运,以及过境斯洛伐克、匈牙利、罗马尼亚等国家的中南部通道,从而形成北、中、南三线布局,降低对波兰线路的过度依赖。

中欧班列未来发展的基本方向是由政府驱动型向市场驱动型转型,由贸易通道向全球价值链通道转型,由目前"一路向西"的基本格局向通达"西+南"转型。中欧班列的未来发展需要与服务以产业合作为基础的共同经济空间打造紧密结合,而不仅仅是贸易商品的运输。

9.3 国际枢纽港建设

9.3.1 关于国际枢纽港建设的文献综述

黄盛(2006)以高雄、香港和新加坡三个城市为例研究国际中转港形成条件,主张国际中转港的形成是有条件的,大航商的选择、港口的经济腹地、港口的水深与设施条件、港口的自由度、港口的地理位置、港口的作业成本与效率等,都是依次影响国际中转港形成的重要因素。而大航商的选择本身也与这几个因素,特别是港口的腹地、港口的自由度和港口的地理位置密切相关。

张华春、黄有方、胡坚堃(2017)运用复杂网络理论的方法评价海上丝绸之路下东亚港口枢纽地位,以东亚区域港口基础构建东亚区域航运网络矩阵,从港口实力、港口自我中心、港口航线质量指数3个方面分析海上丝绸之路背景下东亚港口地位变化情况,认为港口地位不仅取决于基础设施的完善、港口中心化程度,而且取决于航线质量的高低。

丁明明、梁承姬(2012)运用模糊综合评价法研究建立集装箱出口中转港的决定因素,针对上海港、天津港和深圳港3大港口,对中转港的竞争力进行比较,选择中转港最重要的决定因素是集装箱来源地到中转港的内陆运输费用。

郭庆永、顾玉莲（2009）应用 AHP 方法的基本原理，构建港口综合竞争力评价指标体系，并将模型应用于青岛港和釜山港的综合竞争力评价，得出两港综合竞争力排序。

季斌（2011）在回顾目前内支线货物退税操作流程、中国沿海及附近国家港口中转货的情况、中国沿海港口通航条件的现状、助航设备的发展及相关研究成果的基础上，研究中国沿海港口的定位和国际航运中心的建设。

林月恩（2008）主张拓展海西港口群腹地，经济腹地拓展不仅关系着海西港口群的健康可持续发展，更关系着福建更好地服务对台"三通"、加快海峡西岸经济区建设、提升福建沿海港口在全国港口布局中的地位和落实福建省交通厅党组提出的"大港口、大通道、大物流"的交通发展战略。结合学习贯彻落实科学发展观和工作实际，对拓展海西港口群经济腹地进行分析并提出建议措施。陈茜芷（2018）主张在"一带一路"倡议不断发展的情况下实现港口的转换升级、港口定位的转换。

董千里（2017）从集成场视角考察，国际中转港地位和协调功能缺失等是制约"一带一路"中欧国际货运班列绩效的关键因素。选择以西安港作为国际中转港集成运作，形成中转港战略的共享共赢机制。

9.3.2　建设国际枢纽港的影响因素

虽然大部分超大型集装箱班轮以单方向形式在世界各地环游，但数对国家之间，例如中国分别往返新加坡、马来西亚、韩国，荷兰往返德国等地，均具有频繁的双向连接性。这充分表明以上关键节点在区域物流中具有举足轻重的作用。在该类别巨型商船的跨大陆部署中，往返亚洲和欧洲的贸易航线占据了最大份额。在本季度亚欧往来的 96 艘船舶中，有 70 艘专营该航线。其余多数途经中东和北非地区。亚洲是所有超大船的必经之地，其区域内 10 个国家的共 23 个港口在三个月内均和 ULCV 有过不同程度的接触。上海港凭借共接收了 ULCV 的 164 次挂靠而独占鳌头，其次是宁波舟山港，共计 133 次。荷兰鹿特丹则以 122 次位列第三。海上丝绸之路下东亚港口挂靠次数见表 9-4。

表9-4　海上丝绸之路下东亚港口挂靠次数

	上海港	新加坡港	香港港	深圳港	宁波舟山	釜山港	青岛港	天津港	巴生港	高雄港
马士基航运	62	76	47	40	49	44	37	40	35	20
地中海航	58	73	48	18	45	49	31	25	33	18
法国达飞	71	114	70	32	46	70	44	46	64	41
赫罗伯特	36	51	40	34	25	44	26	29	11	21
长荣海运	35	31	32	16	19	24	20	18	27	17
中远集运	40	38	35	35	25	21	30	27	19	19
中海集运	26	4	12	22	26	18	16	13	8	4
总挂靠次数	328	387	284	197	235	270	204	198	197	140

资料来源：张华春、黄有方、胡坚堃（2017）

　　大航商的选择、港口的经济腹地、港口的水深与设施条件、港口的自由度、港口的地理位置、港口的作业成本与效率、港口信息化、进出口贸易与货源，是建设国际枢纽港的主要影响因素。建设国际枢纽港，继续完善港口布局，继续推进港口设施结构优化。积极向上下游延伸产业链，提升发展能力和服务品质。加快国际航运中心、自贸港区建设，积极发展航运金融、航运保险、国际贸易、大众商品交易等。

　　国际航线及港口布局，吸引船公司在港口挂靠是关键点，难点在于拓展港口腹地，增加货源。腹地是港口存在与发展的前提与基础，港口腹地与港口间存在着相互依存、相互作用的关系。

9.3.3　建设国际枢纽港的案例

　　在长三角港口中，"21世纪海上丝绸之路"给上海港带来了非常好的发展机遇，上港集团与"海上丝绸之路"节点上的港口城市有良好的沟通和友好往来。上港集团正谋划将"海上丝绸之路"的港口聚在一起，共同交流探讨港口如何为本国的贸易、为航运企业服务。连续10年货物吞吐量全球第一、全球首破10亿吨的宁波舟山港，已拥有各类航线共247条，其中干线120多条，牵系起190多个国家和地区的600多个港口，汇聚浩荡物流，践行着"港通天下，服务世界"的使命。沿着"一带一路"建设、长江经济带、长三角一体化发展的航向，宁波—舟山港加快建设国际一流强港，打造世界级港口集群。宁波—舟山港已与"一带一路"沿线近20多个港口缔结友好港，拥有的"一带一路"航线已经从2013年的73条增至如今的90余条，全年航班从3654班升至近5000班，沿线国家港口已实现全覆盖；"一带一路"集装箱吞吐量也由2013年的753万标准箱增至2018年的1000万标准箱，占港口集装箱总量的四成多。其中"一带一路"迪拜站建设项目，是兼具物流、商贸、展销、轻加工等功能于一体的开放性综合体。

面对"一带一路"倡议的历史机遇，青岛港提出大力实施金融、国际化、互联网"三大战略"，坚定不移推进转型升级。广州港将推动海铁联运发展，新增内陆"无水港"15个；推动江海联运发展，启动南沙江海联运码头建设，新增穿梭巴士航线20条。广州港集团还将发起成立"海上丝绸之路"沿线国家港口联盟，拓展陆向腹地，同时开拓海向腹地，其共同点是推动更高水平的对外开放。

9.3.4 建设国际枢纽港的策略

9.3.4.1 加强国际合作

深化国际交流与合作。鼓励中国港口与国际港口加强合作，特别是与海上丝路沿线港口的深度合作，在更高层次上参与国际港口的交流与合作；实施"走出去"战略。鼓励优势航运、港口企业对外投资和跨国经营，构建战略支点和国际化服务网络，培育具有较强国际竞争力、跨国经营的品牌海运企业、港口运营商、物流经营商。

9.3.4.2 完善集疏运体系

港口集疏运系统是与港口相互衔接、主要为集中与疏散港口吞吐货物服务的交通运输系统。由铁路、公路、城市道路及相应的交接站场组成。是港口与广大腹地相互联系的通道，为港口赖以存在与发展的主要外部条件。

在集疏运体系上健全完善，重点在海铁联运、江海联运、中欧班列等综合交通枢纽建设上下功夫，海铁联运是转变发展方式的重要举措。

按照"强化铁路、完善公路、发展内河"的思路，完善港口集疏运体系规划；加大铁路集疏运设施建设，加强与铁总协调，重点推进大宗干散货港区和规模化集装箱港区铁路集疏运通道及场站建设，推进"港站一体化"；完善公路集疏运体系。继续推进重要港区疏港公路建设，受城市交通制约较大的重要港区，建立客货分离的集疏运公路体系。

优先推进上海、大连、天津、宁波—舟山、厦门、南京、武汉、重庆等港口的铁路、公路连接线建设。加快推进营口、青岛、连云港、福州等其他主要港口的集疏运铁路、公路建设。支持唐山、黄骅、湄洲湾等地区性重要港及其他港口的集疏运铁路、公路建设。新开工一批港口集疏运铁路，建设集疏运公路1500公里以上。

内河高等级航道，推进长江干线航道系统治理，改善上游航道条件，提升中下游航道水深，加快南京以下12.5米深水航道建设，研究实施武汉至安庆航道整治工程、长江口深水航道减淤治理工程。继续推进西江航运干线扩能，推进贵港以下一级航道建设。加快京杭运河山东段、江苏段、浙江段航道扩能改造以及长三角高等级航道整治工程。加快合裕线、淮河、沙颍河、赣江、信江、汉江、沅水、湘江、嘉陵江、乌江、岷江、右江、北盘江—红水河、柳江—黔江、黑龙江、松花江、闽江等高等级航道建设。

9.3.4.3　强化绿色环保

强化绿色环保，建设绿色港口。在规划、设计、施工、生产等全领域实施绿色、安全标准；全面节约和高效利用资源，审慎开发新港区；实施严格的环境保护制度，分阶段有序推进珠三角、长三角、环渤海（京津冀）三个船舶大气污染物控制区建设，加大粉尘综合防治，协同推进污染物接收处理设施建设，推广船舶使用岸电和清洁能源应用，强化安全应急体系建设。

9.3.4.4　营商环境改革

降低税费；深化交通运输供给侧改革，降低物流成本。加快自贸试验区改革，大胆试、大胆闯、自主改，开放新高地。政策更开放、投资更便利。在海关、国检、边检、海事等口岸单位的支持下，实施"提前报关""区域通关一体化""国际贸易单一窗口"等制度。海关创新监管方式，提高国际贸易便利程度。

9.3.4.5　注重加强港口物流专业人才建设

中国港口物流方面的专业经营管理人才十分缺乏，不利于发展港口综合物流服务产业。因此，必须采用多种途径培养和引进具有良好货物和货运知识、掌握现代物流经营管理技术方法尤其是电子信息技术的物流经营管理专业人才；构建多层次、多样化的港口物流教育和人才培养体系，加强师资队伍建设和人才培养体系，优化课程体系，加强实践训练，使教学内容做到实用化、综合化和国际化，适应现代化港口物流的竞争和发展；制定港口物流人才培养新标准，规范物流人才知识结构和能力结构；创建港口物流人才培养新模式，重视实际问题解决能力、动手操作能力的培养，做到既懂理论知识又善实践操作，全面提高港口物流人才的综合素质。

9.3.4.6　其他

继续完善港口布局，继续推进港口设施结构优化。集装箱船舶的大型化要求更深的港口航道、更大的泊位。升级港口设施，提高港口的作业效率。

深化区域化合作。建立省域港务集团公司，整合港口资源。推进优势港口企业跨区域投资经营；推进区域内港口公共资源优化整合。

加大科技创新和应用，提高信息化在港口生产、管理等领域的应用，加快建设智慧港口步伐。例如福建省推介丝路智慧口岸，内容包括推进单一窗口数据中心与海关总署的国际通关和数据交换系统对接，加入国际海关互联互通网络，汇聚外贸通关数据。在联通中国台湾关贸网和新加坡单一窗口之后，进一步与亚太电子口岸示范网、东盟信息港、南向陆海新通道等第三方平台对接。同时，拓展单一窗口服务功能，进一步为企业提供"贸易撮合""无船承运""多式联运"等一系列外贸综合服务，实现贸易数字化。

以大宗商品和集装箱运输发展为核心，充分发挥港口对大宗商品交易、保税加工、自由贸易、海洋产业集聚等方面的带动优势，推进港口由传统运输平台向物流平台、信息平台、贸易平台、产业平台、金融平台拓展，加快建成国际中转枢纽港，大跨步迈向国际一流"强港"。

按照上海国际航运中心的预测分析，至2030年，沿海港口的排序将是宁波舟山港（18.2亿吨）、天津港（13.3亿吨）、上海港（13亿吨）、青岛港（12.8亿吨）、唐山港（11.6亿吨）、大连港（10.1亿吨）、日照港（9.0亿吨）、广州港（8.6亿吨）、营口港（7.7亿吨）。

参 考 文 献

[1] 成思危. 从保税区到自由贸易区：中国保税区改革与发展［M］. 北京：经济科学出版社，2004.

[2] 黄盛. 关于国际中转港形成条件的思考：以高雄、香港和新加坡为例［J］. 特区经济，2006（7）：24 - 25.

[3] 蔡宏，钟卫阳. 迈向集装箱国际中转港——浅谈厦门港发展模式［J］. 集装箱化，2001（3）：27 - 29.

[4] 孙柯洋. 基于超效率 DEA 模型的港口绿色度研究［D］. 上海交通大学，2010.

[5] 余德松，张华，闵世雄，曹福. 中国绿色港口的建设与发展［J］. 中国水运（下半月），2014，14（2）：55 - 56.

[6] 真虹，刘桂云. 柔性化港口的发展模式［M］. 上海：上海交通大学出版社，2008.

[7] 陈楠枰. 港口：向市场化和国际化进阶［J］. 交通建设与管理，2014（Z1）：38 - 39.

[8] 李南，王旭辉，韩国玥. 产业共生理论综述及在临港产业的应用前景［J］. 水运管理，2014，36（3）：15 - 17 + 38.

[9] 潘玉慧，温艳萍. 港城关系研究综述［J］. 中国农学通报，2014，30（11）：57 - 61.

[10] 交通运输部. 关于推进港口转型升级的指导意见［J］. 综合运输，2014（7）：84 - 87.

[11] 孙浩. 物联网技术在智慧港口中的应用研究［J］. 电子世界，2019（9）：150 - 151.

[12] 张国强. “十三五”时期港口发展的战略思路［J］. 综合运输，2016，38（11）：25 - 29 + 71.

[13] 卢敏，罗天龙. 港口转型升级的驱动因素与模式探析［J］. 交通企业管理，2017，32（1）：24 - 26.

[14] 林备战. 供给侧改革背景下的港口转型升级［J］. 港口经济，2016（12）：1.

[15] 陶德馨. 智慧港口发展现状与展望 [J]. 港口装卸, 2017 (1): 1-3.

[16] 高虹桥, 邵文渊, 刘婷, 谢清霞. 智慧港口的技术框架 [J]. 港口科技, 2017 (2): 1-5+52.

[17] 郭庆永, 顾玉莲. 基于 AHP 的国际集装箱中转港综合竞争力比较 [J]. 水运工程, 2009 (12): 102-104+108.

[18] 彭佐康, 席芳. 全球航运网络格局下中转港发展特征分析 [J]. 交通企业管理, 2018, 33 (6): 12-15.

[19] 董千里. "一带一路"背景下国际中转港战略优势、条件及实现途径 [J]. 中国流通经济, 2017, 31 (2): 46-54.

[20] 季斌. 中国沿海港口国际中转研究 [J]. 中国港湾建设, 2011 (5): 88-90.

[21] 张文杰, 邢军. 智慧港口发展趋势研究 [J]. 港工技术, 2017, 54 (2): 86-88.

[22] 丁嵩冰. 智慧港口: 带动未来贸易 [J]. 大陆桥视野, 2017 (5): 58-59.

[23] 朱容正. 新形势下中国港口转型升级的选择 [J]. 中国港口, 2017 (6): 7-9.

[24] 李华平. "一带一路"倡议下厦门港转型升级思路 [J]. 港口经济, 2017 (6): 37-39.

[25] 盟岩. 临港经济的下一个突破口在哪里? [J]. 中国港口, 2017 (7): 2.

[26] 杨珩. 基于"一带一路"倡议的绿色港口发展对策 [J]. 交通企业管理, 2017, 32 (4): 9-11.

[27] 冷燃, 王平. 新常态下中国港口转型升级的特征及策略 [J]. 物流工程与管理, 2017, 39 (11): 148-149.

[28] 罗静, 张金杰. 推动港口转型升级 打造现代化港口群 [N]. 河北日报, 2019-03-01 (007).

[29] Zhongzhen Yang, Liquan Guo, Feng Lian. Port integration in a region with multiport gateways in the context of industrial transformation and upgrading of the port [J]. Transportation Research Part E, 2019: 122.

[30] 毛剑宏. 数字化加速港口经济转型升级 [N]. 浙江日报, 2018-10-29 (006).

［31］王志杰，潘栋辉，孙达. 供给侧改革下宁波港口发展路径研究［J］. 现代经济信息，2018（17）：498.

［32］班梦茹. 自贸区环境下的智慧化港口竞争力评价及转型研究［D］. 东北财经大学，2017.

［33］刘兴鹏，张澍宁. 智慧港口内涵及其关键技术［J］. 世界海运，2016，39（1）：1-6.

［34］吴淑贤. 新常态下港口加快转型升级刍议［J］. 现代经济信息，2016（1）：13.

［35］林备战. "一带一路"倡议下的港口转型升级［J］. 港口经济，2016（3）：1.

［36］刘阳阳，朱雪丽. 新常态下中国港口转型升级的对策研究［J］. 物流技术，2016，35（2）：29-32.

［37］李旭鹏. "一带一路"倡议下的港口转型升级之路［J］. 现代经济信息，2016（5）：48-49.

［38］邱焱林. 把握"互联网+"新机遇　打造长江中游智慧港口［J］. 港口经济，2016（5）：29-31.

［39］张琪，徐霄峰. 探寻现代港口转型发展之路［J］. 中国港口，2016（5）：13-15.

［40］赵君章. 中国港口转型升级四大特征［J］. 中国港口，2016（6）：25-27.

［41］寿建敏，徐文霞. 港口转型升级下中国沿海港口效率动态变化研究［J］. 中国发展，2016，16（4）：9-13.

［42］吴磊，刘美玲. 中国港口物流业转型升级需要解决的几大关键接口［J］. 对外经贸实务，2016（11）：89-92.

［43］赵嫣颜. 中国港口转型升级中政府的作用研究［D］. 对外经济贸易大学，2016.

［44］吴淑. 世界港口发展趋势及中国港口转型升级的应对措施［J］. 水运管理，2014，36（8）：12-14.

［45］张国华. "一带一路"倡议下的港口转型升级之路［J］. 中国国情国力，2015（3）：17-19.

［46］宁涛. 港口转型升级正当时［J］. 中国远洋航务，2015（5）：38-39.

[47] 张澍宁. 港口转型升级研究 [J]. 交通运输部管理干部学院学报, 2015, 25 (1): 31 – 35 + 45.

[48] 李金龙. "一带一路"倡议下的港口转型升级 [J]. 浙江经济, 2015 (18): 52 – 53.

[49] 吴爱存. 中国港口的产业集群研究 [D]. 吉林大学, 2015.

[50] 真虹. 现代港口转型升级的发展趋势 [J]. 大陆桥视野, 2013 (7): 61 – 66.

[51] 张洪石. 国际化枢纽港口: 战略支点的关键引擎 [J]. 广西经济, 2013 (8): 20 – 21.

[52] 颜盈媚. 港城关系与港口城市转型升级研究——以新加坡为例 [J]. 城市观察, 2012 (1): 78 – 85.

[53] 刘铁鑫, 王海霞. 中国港口企业转型升级发展动因及策略探讨 [J]. 中国港口, 2012 (6): 9 – 11 + 23.

[54] 张涛. 发力结构调整 中国港口业加快转型升级 [J]. 中国水运, 2012 (8): 6 – 8.

[55] 石方. 天津港绿色竞争力评价研究 [D]. 大连海事大学, 2011.

[56] 孙辉. 大连港第四代港口发展战略研究 [D]. 南京理工大学, 2012.

[57] 甘超. "一带一路"背景下广州港发展定位研究 [D]. 华南理工大学, 2017.

[58] 何兴法. 宁波建设现代化国际港口城市路径研究 [D]. 同济大学, 2008.

[59] 陈翊. 上港集箱国际化经营战略研究 [D]. 上海海事大学, 2005.

[60] 朱殿卿. 中国港口建设走向国际化 [J]. 港口科技动态, 1995 (5): 1 – 2.

[61] 赵明奎. 以国际化视野推进港口新发展 [J]. 港口经济, 2008 (8): 37 – 39.

[62] B. Bragadóttir, J. Hjörleifsdóttir, S. E. Egeland, G. Kristjánsdóttir. Effectiveness of smart tablets as a distraction during needle insertion amongst children with port catheter: Pre – research with pre – post test design [J]. Scandinavian Journal of Pain, 2016, 12 (1).

[63] Antonio Botti, Antonella Monda, Marco Pellicano, Carlo Torre. The re – conceptualization of the port supply Chain as a smart port service system: The

case of the port of salerno [J]. Systems, 2017, 5 (2).

[64] 刘阳阳, 张婕姝, 真虹. 港口代际划分影响因素 [J]. 水运管理, 2009, 31 (12): 12 - 15.

[65] 陈莉莉. 港口的代际更替 [J]. 水运管理, 2011, 33 (2): 32 - 34.

[66] 刘晨诗. 基于港口代际演进的港城互动分析 [D]. 天津师范大学, 2014.

[67] 陈芸芸. 港城互动发展研究 [D]. 大连海事大学, 2007.

[68] 白杉. 港城互动机理和演化进程研究 [D]. 大连海事大学, 2007.

[69] 罗萍. 中国港口与城市互动发展的趋势 [J]. 综合运输, 2006 (10): 16 - 20.

[70] 月明. 世界主要港口集装箱码头的自动化和信息化状况 [J]. 港口科技动态, 1998 (1): 2 - 5.

[71] 周德顺. 国外港口集装箱装卸的机械化与自动化 [J]. 起重运输机械, 1979 (6): 45 - 53.

[72] 罗刚毅. 国际中转港的形成及发展机遇 [J]. 水运管理, 1999 (12): 32 - 34.

[73] 张华春, 黄有方, 胡坚堃. 海上丝绸之路下东亚港口枢纽地位评价 [J]. 华中师范大学学报 (自然科学版), 2017, 51 (2): 208 - 214.

[74] 林月恩. 关于拓展海西港口群腹地的思考 [J]. 港口经济, 2008 (12): 27 - 30.

[75] 朱燕琴. 舟山群岛新区临港产业政策研究 [D]. 浙江海洋学院, 2014.

[76] 刘大禹. 天津临港产业集群发展战略研究 [D]. 大连海事大学, 2008.

[77] 周文. 北仑港口城市空间布局优化研究 [D]. 浙江大学, 2010.

[78] 王任祥. 我国港口一体化中的资源整合策略——以宁波—舟山港为例 [J]. 经济地理, 2008 (5): 872 - 875.

[79] 陈茜芷. 基于"一带一路"倡议中国港口定位的转换 [J]. 经贸实践, 2018 (5): 79 - 80.

[80] 丁明明, 梁承姬. 中国内陆集装箱出口中转港选择模型 [J]. 上海海事大学学报, 2012, 33 (4): 39 - 44.

后 记

自 1978 年改革开放以来，中国港口的建设数量、规模、吞吐能力以惊人的速度增长，中国港口的货物吞吐量和集装箱吞吐量连续十六年位居世界第一位。但是港口高速增长的时代总体上结束了，港口靠吞吐量的增长完成行业转型的模式面临重大挑战。2013 年 9 月和 10 月，国家主席习近平在出访哈萨克斯坦和印度尼西亚时先后提出共建"丝绸之路经济带"和"21 世纪海上丝绸之路"的重大倡议。习近平总书记还明确指出"经济强国必定是海洋强国、航运强国"，对港口发展相继发出"一流的设施、一流的技术、一流的管理、一流的服务""建设好、管理好、发展好"和"勇创世界一流港口"的重要指示。中国港口应该进一步提升服务保障能力，加快高质量发展，港口转型升级、提质增效势在必行。

作为从事"港口物流"教学与研究的高校教师，本人持续关注国内外港口经济的发展，不仅查阅资料、参与交流研讨，而且实地考察了上海洋山港、厦门港等港口。本人主编过 15 部教材（其中两部由机械工业出版社出版的教材作为高等院校物流管理专业教材畅销至今），在多个期刊上发表过港口物流管理相关的学术论文，出版一部港口经济领域的专著是我的夙愿。今年，本书即将由中国经济出版社出版发行，我感到由衷的喜悦。

本书得到厦门理工学院学术著作出版基金资助，在此表示衷心地感谢。

衷心感谢中国经济出版社的姜静编辑、出版社领导和其他编辑同志，没有他们的支持与指导，本书难以问世。

本书在写作过程中，广泛吸收了学术界同行的研究素材和成果，为了表示对他们的尊重和感谢，除文中特别注明之外，在文后的参考文献中也一并列出。

由于本人学识的局限性，书中难免有疏漏和不当之处，敬请读者批评指正。

王斌义
2019 年 11 月